U0600936

复兴之路

（青少版）

中央电视台《复兴之路》节目组
人民出版社《复兴之路》编写组　编写

长风破浪

中国民主法制出版社

北京·2013

图书在版编目 (CIP) 数据

复兴之路 . 长风破浪 / 中央电视台《复兴之路》节目组，人民出版社

《复兴之路》编写组编写 . —北京：中国民主法制出版社，2013.3（2020.5 重印）

ISBN 978-7-5162-0297-5

I. 复 ... II. 中 ... III. 中国历史 – 近代史 – 通

俗读物②中国历史 – 现代史 – 通俗读物 Ⅳ . ① K250.9

中国版本图书馆 CIP 数据核字 (2013) 第 034823 号

图书出品人　肖启明

出 版 统 筹　赵卜慧

丛 书 策 划　陈晗雨

责 任 编 辑　张　霞

书　　　名　《复兴之路》：长风破浪

作　　　者　中央电视台《复兴之路》节目组

　　　　　　人民出版社《复兴之路》编写组　编写

出版・发行　中国民主法制出版社

地　　　址　北京市丰台区玉林里 7 号（100069）

电　　　话　010–63292534 63057714（发行部）63055259（总编室）

传　　　真　010–63056975 63292520

　　　　　　Http://www.npcpub.com E-mail：mzfz@npcpub.com

经　　　销　新华书店

开　　　本　16 开　700 毫米 × 1000 毫米

印　　　张　8

字　　　数　91 千字

版　　　本　2013 年 3 月第 1 版 2020 年 5 月第 4 次印刷

印　　　刷　石家庄继文印刷有限公司

书　　　号　ISBN 978-7-5162-0297-5

定　　　价　22.80 元

出 版 声 明　版权所有，侵权必究。

（如有缺页或倒装，本社负责退换）

出版寄语

2007 年 11 月，一部由中国电视人用影像梳理中华民族近代历史的六集历史政论片《复兴之路》在央视二套黄金时段首播，2008 年 3 月，央视一套重播。由此引发了人们关于中华民族复兴的思考与探讨。一个关注大国崛起、期盼民族复兴、探求强国富民之路的时代课题引起人们强烈的共鸣。

当年与纪录片同名同步推出的《复兴之路》（三卷本）图书出版后，社会影响广泛。2010 年 11 月被中宣部理论局、中组部干部教育局列入"向党员干部推荐的第三批学习书目"。

2012 年 11 月 29 日，习近平总书记率中央政治局常委参观《复兴之路》展览基本陈列并发表重要讲话。习近平总书记说，每个人都有理想和追求，都有自己的梦想。现在，大家都在讨论中国梦，他以为，实现中华民族伟大复兴，就是中华民族近代以来最伟大的梦想。这个梦想，凝聚了几代中国人的夙愿，体现了中华民族和中国人民的整体利益，是每一个中华儿女的共同期盼。历史告诉我们，每个人的前途命运都与国家和民族的前途命运紧密相连。国家好，民族好，大家才会好。实现中华民族伟大复兴是一项光荣而艰巨的事业，需要一代又一代中国人共同为之努力。而我们的年轻一代是民族的希望，中国的未来在青少年。

为适应青少年的知识需求和阅读体验，中央电视台、人民出版社和中国民主法制出版社通力协作，精心组织策划《复兴之路》（七卷本），即《复兴之路·千年局变》《复兴之路·岁月峥嵘》《复兴之路·中国新生》《复兴之路·伟大转折》《复兴之路·世纪跨越》《复兴之路·继往开来》《复兴之路·长风破浪》。本套丛书图文并茂，语言生动，力图从青少年的视角探究中华民族强国之梦和不懈探索的伟大历程。

《复兴之路》引领青少年深刻认识中华民族近代以来的奋斗史，坚定跟党走中国特色社会主义道路的理想信念，增强为实现中华民族伟大复兴贡献力量的历史使命感和奋斗精神，使他们在追求知识的道路上培养阅读乐趣，让中华民族伟大复兴的梦想照进现实！

民族复兴，我们共同的"中国梦"。从这里，我们找到了实现梦想的力量。

序一　　穿越历史的道路

历史没有剧本，但却深深地吸引着人们书写它，记录它。在最近 5 个世纪的时光里，人类收获了空前的发展和进步，走出了无尽的精彩与风情，也遭遇了激烈的冲突与动荡，流淌了巨量的鲜血与眼泪。多少的跌宕起伏，多少的波谲云诡，多少充满戏剧性和转折性的关键时刻，将整个人类舞台演绎成悲喜交加的时代正剧。

在这幕长剧中，东方的中国是当之无愧的主角之一。没有一个民族像她那样在那么短的时间里经受了那么多的苦难与伤痛，也没有一个民族能像她那样穷且益坚、不坠青云之志，更没有一个民族能像她那样拥有无穷的向心力和忍耐力。

从"天朝上国"变成了"劣等民族"的迷茫与愤慨，从"东亚病夫"向"少年中国"的奋进与努力，从"站起来了"向"猛虎在加速"的飞跃与巨变，中华民族不屈的意识和向上的情操点燃了昏暗岁月，铺垫了复兴之路上的一座座里程碑，使人类惊叹于这个文明古国的生命力和创造力，也使世界文明殿堂多了一段自强不息的传奇。

一代代矢志于民族复兴的中国人，前赴后继。1911 年，1949 年，1978 年，仿佛一场接力赛，每一次都使中国到达一个新的更高的起点，去探求并续写新的辉煌。

今天的中国，站在了自 1840 年以来的最高点，盛世阳光下，幸福显得如此珍贵；而只有曾经历尽苦难的民族，才更加懂得幸福的意义。

生逢盛世是我们的幸运，但每一个时代都有每一个时代棘手的问题，迎难而进，克难而胜，为下一代人铺垫出一个更高的台阶，是历史赋予我们的任务。

回首向来，我们的昨天，深深地镌刻着成长的烙印。我们不仅需要铭记，更需要思考，一路走来，我们经历过怎样的坎坷，做出过怎样的抉择？我们因何走到今天，我们如何走向未来？

历史不可以假设，历史不可以割裂，历史更不能背叛。追问历史是为了关照现实，更是为了在思考中廓清发展的方向。

怎样在历史与现实之间架起一道桥梁，是中央电视台作为国家级媒体的社会责任，我们有义务将"前事不忘，后事之师"的精髓呈现于方寸银屏，正所谓"鉴前世之兴衰，考当今之得失。嘉善矜恶，取是舍非。"我们愿意用游动于千家万户的影音符号来传承文明，开拓创新，为国家发展、民族复兴、人民福祉思考并发出自己的声音。

正是带着这样的责任感，2006 年 12 月，刚刚完成《大国崛起》的创作团队开始了一次更为艰难的跋涉。这一次，他们尝试着穿越历史的迷雾，在 10 个月的时间内，透过三个视角，用 6 集的篇幅去丈量中华民族 160 多年的历史：

整体视角：从 160 多年历史的整体出发，系统观照各阶段、各阶层对中国发展道路的探索与实践；

现代视角：从中国社会自新中国成立以来、尤其是改革开放近 30 年来所取得的伟大成就出发，回望 160 多年中国的历史变迁；

全球视角：在全球视野内观察中国发展道路的创新对世界的意义，同时关照世界格局的变化和国际环境对中国发展的影响。

这是一次巨大的挑战。与其说这是一次影像和文字的旅行，不如说是一次思想的游历。以历史为经，以现实为纬，电视工作者和中外百余位专家学者的思考，最终凝结成了六集电视纪录片《复兴之路》。同时，针对不同对象的特点，我们又编撰了三卷同名图书。

纪录片《复兴之路》是我台第一次尝试全面梳理中国近现代历史，同名图书是电视人就同一主题进行跨媒体传播的又一次实践，无论观众和读者赞同还是批评，我们都将仔细聆听诚恳接受，并心怀感谢：你们的观看和阅读，是对我们最大的鼓励与鞭策。

德国哲学家雅斯贝尔斯说：如果我们放弃历史，那么对历史的每一次超越都成了幻觉；世界周围没有道路，历史周围没有道路，而只有一条穿越历史的道路。

我们期望着观众和读者朋友们可以通过《复兴之路》，体味到这条穿越历史的道路，追往抚今，汲取力量，共同创造……

人总是要老的，而一个民族的心是不会老的。我们每一个没有浪费的华年，都将为中华民族的伟大复兴积淀能量。光荣属于中国人民！

中央电视台原台长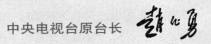

序二　这是我们的工作

一部凝练的电视片，一套厚重的同名图书，《复兴之路》，散发出一种独特的气质。冬去秋来十个月，它是我看着成长出来的果实，它芬芳吗？它甜美吗？它能令人有所得吗？这些问题应该由观众和读者来回答。我所能说的只是见证它孕育的心路历程。

今天的中国和中国人，已经站在了一个历史的新高度上，却还不是如醉春风、高歌辉煌的时候，因为前方还有峰峦如聚、无限风光，而最壮丽的风光须在巅峰方能一览无余。

这是一个不允许放慢脚步的时代，这是一个必须放眼未来的年代，也是一个必须从过往汲取力量和经验的历史时刻。

创造明天，先要读懂昨天。一个有责任的媒体永远不应该停止对历史和现实的思考，并将思考的成果告诉公众，以正世道人心，以聚民意士气，以利家国天下。于是我们趟进了时光的河，试图追寻已远的岁月。

透过 167 年的风尘，我们看到了什么？

中国五千年的文明在 1840 年遭遇了亘古未有的奇变，自此开始的百余年中，黑云压城，群敌环伺，危如累卵，险逾危崖，其种种艰难险阻前所未有。纷纷扰扰中，泥沙俱下，龙蛇同现，风云际会，复杂之至。

既有守旧者鸵鸟般顽固的抗拒，即使被时代打得头破血流也不愿睁眼看世界；更有先行者痛苦的探索，即使被遍地荆棘刺得体无完肤，也要拓出前途。既有野心家私欲膨胀，在国家危难之时谋取个人的权位与利益；更有理想者微笑着走向死亡，一次次化鲜血与赤诚为复兴之路上的块块石子。

既有思想者用犀利的思之刃剖析自己与他人的心灵，去糟粕，存精华，唤醒民众；更有践行者以厚重的史之手驱散黑暗，点燃光明，推动我们民族执着地前行。

每一个个体都是一段人生，一段故事，每一个故事都像一把沉甸甸的锁挂在历史殿堂的深处，我们永远也无法获知全部的密码来打开它们，面对绵延千年的历史长河，个体生命的行动往往渺小如沧海一粟。然而，集合千万颗水滴即可汇成一条汹涌的大河。167 年来，中华民族正是这样，一步步在风雨如磐的神州大地绘出了一幅慷慨奋进的时代画卷，凝望时，我们清晰地看到了中华民族伟大复兴的道路。

这是一条没有前人的道路，没有现成的经验可循。我们曾以世界为师，认真汲取他人之长，并在辽阔的土地上进行实验，但一次次失败告诉我们无论是西方的"上帝"，还是东方的"佛祖"，都没有现成的经验可以使中华民族走出困境和衰落。一切都必须植根中华大地，与历史中国、现实中国相结合才能使我们破围而出。时至今日，历 167 年的探求，我们终于可以坦然一笑，中国人民的学习精神与创新精神使我们看到了一个基本结论：在走向复兴的进程中，中国必须走自己的道路，建设中国特色社会主义。

这是中华民族收获的历史之果，也是《复兴之路》剧组的基本认知，并一一呈现于六集纪录片和三卷同名书籍之中。民族复兴是伟大而艰辛的事业，《复兴之路》的创作是一项困难而复杂的工作。《复兴之路》剧组在喧嚣而浮躁的环境中沉下心来，让历史与影像、思想与文字并肩而行，力图用冷静而客观的镜头与笔触梳理历史、表现沧桑、绘制巨幅。

认识历史，需要求证，也需要见识和胆略，更需要平和的心态。媒体人绝不是被动纪录历史的工匠，而是历史进程的思考者、参与者、建设者。一位外国记者在 70 岁生日时这样说道："我们以由外及内、由近及远的探求为己任，我们去推敲、归纳、想象和判断内部正在发生什么事情，它的昨天意味着什么，明天又可能意味着什么。这就是我们的职业，一个不简单的职业。我们有权为之感到自豪，我们有权为之感到高兴，因为这是我们的工作。"

是的，这是我们的工作。

中央电视台总编辑 罗明

目　录

复兴之路

目录

引 子

如同生命一样，一本书总要有一个起点。本书也需要一个起点，或者说是切入点。

当我们试图在中国近现代史中寻找到一个真正具有历史深度、厚度和广度的点，来引发百余年所酝酿的所有情绪和思考，总会陷入一种无力的感觉，我们不知从何说起，不知从哪里开始描述中华民族在传统与现代彼此撕扯中的无奈与悲鸣，在农业文明与工业文明两者角力中的徘徊与突围，在沉沦与复兴相互碰撞中的挣扎与前行。

人生总要有几个坐标来规划或者标识生命的阶段与质量，国家也一样。19 世纪以来的岁月对于中华民族 5000 年的文明长度来说，不过是一个小小的时间点。但这个节点对中华民族的重要性却无与伦比，百味交糅，是沉重，是耻辱，是鲜血，是伤痛，是从天空坠入地狱的恐惧与沮丧，是在暗夜找寻光明的彷徨与曲折，是从低谷向巅峰攀登的艰辛与壮丽，太多太多的往事与情怀足以让辩才无碍的智者无语凝噎。

从某种程度来说，是那个大时代打碎了中华民族的血肉骨骼，中华民族以绵延 5000 年的生命力量开始重新塑造自己，使自己拥有了新的创造力和新的可能性。

未曾生我谁是我？生我之后我是谁？一个从古老母体中诞生的新生儿应该怎样看待历史与现实、传统与现代、自我和世界？怎样更好地延展中华血脉的生命力，创造一个打上自己烙印的世纪？对于这些问题，我们已经花了 160 多年的时间，直到现在仍在奋力探寻。

对此，世界也很有兴趣，因为历史昭示着未来，也因为今日之中国是整个世界都无法忽视的一个重要组成部分。人们试图通过历史中国，尤其是近现代中国来了解当今中国，为新世界格局中的生存与发展寻找可供借鉴的资料。

对于中国的解读，人们常常喜欢从北京，从天安门说起。其实在中国近现代史上同样具有坐标性质的城市还有南京、广州和香港，这3座城市所发生的事件同样深刻地影响着中国的历史。但不管怎样，从北京和天安门切入中国近现代史，总是一个不错的选择。

北京自古繁华。进入21世纪后，她已是国际大都会。

天安门，北京的中心。天安门的红墙与苍拔的纪念碑相对静默。从1里之外的水泥森林踱进两者之间，仿佛跨越了时间长廊，被一片古典的庄重风貌雕刻出肃然悠远的心境。在广场上寻觅许久，不经意间一回眸，会感到一种别样的情绪，不管有多少人在她的怀抱里制造喧嚣，都无法掩饰她来自历史深处的冷静气质，在一派热火朝天中辟出凝重，并以一种默然的姿态存在着，让人无法回避。

天安门上巨大的铜钉像是深邃的老眼，冷看潮起潮落，云卷云舒，几代兴亡。横淌于门外金水桥的是时间的河，河面上的浮光掠影，荡漾着岁月的悲喜浮沉。这是一扇历史之门，历史苍凉的背影，久久盘旋于天安门的上空。

宫门深深锁九重，在历史上多数时间天安门是关闭的，隔开民众卑微的视线，以彰显"天之子"的尊荣。如今，天安门是敞开的，任中外各国的人们来抚摸一个民族心灵深处的律动，容许别人深入地了解自己，这是一种成熟，也是一种自信。我们可以由此话如烟往事。

一、二〇〇八：艰难中开局

  中共十七大之后，中国宏观经济、社会形势继续保持着良好的发展态势，经济持续高速增长，人民生活得到进一步改善，农民收入有了显著增加，社会保障体系一步步健全，基础设施不断完善，举世瞩目的北京奥运会的各项准备工作也有条不紊地进行着……方方面面的情况都显示，2008 年将成为中国改革开放 30 年发展史上的新界标，中国经济社会的发展将走向新的征程！

  然而，"天将降大任于斯人也，必先苦其心志，劳其筋骨，饿其体肤，空乏其身，行拂乱其所为"。历史和大自然跟我们开起了天大的玩笑，2008 年，中国面临着前所未有的新挑战。

1. 冰天雪地见真情

2008 年 1 月，中国各地的人们怀着无限的向往和喜悦，开始了回家过年前的各种忙碌和准备。大家都知道春节对每一个中国人来说意味着什么。那是跟父母儿女阖家团圆的时光，那是与亲朋好友久别重逢的时光。可是，一场不期而至的冻雨和连续低温打乱了人们的计划，让这年的过年回家旅途变得异常艰难。

自 2008 年 1 月 10 日以来，我国中东部地区出现了大范围的持续雨雪天气。1 月中旬到 2 月上旬，南方地区连续遭受四次低温雨雪冰冻的极端天气袭击，总体强度为 50 年一遇，其中贵州、湖南等地为百年一遇。雪灾对中国南方地区造成的灾难实属罕见。长期以来，中国的南方地区很少出现冰冻的问题，生活在南方的人大都没有雪灾冰冻灾害的经历，因此，突然被置于冰天雪地中，人们大多手足无措。冰雪灾害造成

冰雪冻雨造成
电缆线路结冰

的影响在扩大：

据民政部统计，截至 2008 年 2 月 24 日，这次雪灾已造成 129 人死亡，其中很多人是在抢修遭到雪灾影响的设备或者在驾驶途中遇难的：

1 月 26 日，3 名电力职工在长沙电厂至沙坪变电站的 500 千伏线路电塔上人工除冰时，因线路覆冰太厚、铁塔不堪重负从 50 余米高空坠地，周景华当场殉职，罗海文、罗长明被紧急送往医院后抢救不治身亡。

1 月 29 日，贵州省贵遵高速公路上的一辆大客车因路面结冰打滑翻下山，事件导致车上 25 人死亡，14 人受伤。

时值春节将至，大批外地务工人员需返回家乡过年，瘫痪的交通使大批旅客滞留交通场站或者路途中。广州火车站，200 万人滞留在火车站广场及周边地方。由于滞留人数过多、时间过长，旅客情绪一度不稳定，甚至曾发生骚动、踩踏事件。2 月 1 日晚，湖北籍女民工李红霞在广州火车站广场外因混乱拥挤而跌倒，跌倒后遭受踩踏，次日因伤重不治身亡。

湖南超过 3000 万人受灾，近 10 万名旅客在长沙火车站滞留等候。

雪灾给相关部门和老百姓都带来了严峻的考验：南方城市的环卫部门和路政部门一般都没有处置积雪的设备，普通百姓的家里连简易的除雪装备都没有。因此，政府部门组织的除雪只能靠人工，效率极其低下，很多城市市民无法出行上班。

雪灾给各地交通运输带来的影响一步步在加深。京广铁路湖南段因电气化接触网受损，无法开行电气化列车，致使多列车班次被取消；贯通中国南北的大动脉——京珠高速公路湖南路段路面被冰封盖，滞留在湖南路段的车辆高达数万辆；滞留在冰天雪地中，人们没有给养、没有热水，回家的希望渺茫；长江流域多城市机场因积雪被迫关闭，如上海虹桥国际机场及浦东国际机场一度关闭，大量航班或取消或延误。

居民生活也受到严重影响。灾区城镇水、电、气管线（网）及通信等基础设施受到不同程度的破坏，人民群众的生命安全受到严重威胁。据民政部初步核定，此次灾害中紧急转移安置166万人；倒塌房屋48.5万间，损坏房屋168.6万间；因灾直接经济损失1516.5亿元。

农业和林业遭受重创。农作物受灾面积两亿多亩，绝收三千万亩。在低温冰雪中，良种繁育体系受到破坏，塑料大棚、畜禽圈舍及水产养殖设施损毁严重，畜禽、水产等养殖品种因灾死亡较多。森林受灾面积3.4亿亩；种苗受灾200多万亩，损失67亿株。

…… ……

灾难当头，回避和冷漠都不是出路，全国上下迅速行动起来，展开了一场千里大救援。面对雪灾，中共中央总书记、国家主席、中央军委主席胡锦涛"心急如焚、寝食难安"，他在1月29日主持召开中共中央政治局会议，重点研究雨雪、冰冻灾情应对措施。1月31日，胡锦涛到山西、河北视察铁

京珠高速公路湖南路段路面被冰封盖后，数万车辆滞留其间

温家宝在长沙火车站探望滞留旅客

路、港口、煤矿，要求在安全生产的情况下尽量产出更多的煤，提高电煤装卸效率，尤其要优先抢运告急电厂用煤，以确保电力正常供应。

国务院总理温家宝于1月29日由北京坐火车到达湖南长沙，探望滞留于长沙火车站的旅客，随后立即前往广州，于1月30日早上到广州火车站探望数以十万计的滞留旅客。

每逢有难有尖兵。当道路急需打开通道时，人民子弟兵再次奋勇当先；当灾区的群众急需过冬衣被和食品时，仍是人民子弟兵走在前面。在这次雪灾救援中，中国人民解放军出动超过20万人次参与抗冰救灾。

华夏儿女一家亲。社会各界也动员起来，当滞留的旅客短时无法返家时，热心人将他们留在了家中，让他们避寒取暖；当灾区人民群众面临生活困难时，社会各界伸出了援助之手，向灾区人民群众捐款捐物。在电视机前的人们曾经无数次被那些普通却高贵的灵魂所感动：高速公路上出现了许多无偿送粮送水的身影；南方冰封的公路上出现了来自北方的司机，他们热心指导南方司机如何应对冰雪路面；交警和子弟兵不畏严寒，昼夜坚守在最关键的岗位上⋯⋯

党和政府第一时间采取了行之有效、充满人性的应对措施：国务院办公厅于 1 月 10 日至 21 日连续发出四次灾害预警通知，要求有关地区和部门落实防范措施，做好应对准备。1 月 14 日，发展改革委启动跨部门协调机制，部署增产和抢运电煤工作。1 月 18 日，铁路部门提前 5 天进入春运，公安、交通部门相继启动交通应急管理。1 月 27 日，国务院召开电视电话会议进行具体部署；1 月 28 日，国务院决定成立煤电油运和抢险抗灾应急指挥中心，统筹协调抗击灾害和煤电油运保障工作。1 月 29 日和 2 月 1 日，中央政治局会议和国务院常务会议对抢险抗灾工作进行专题研究。

根据党中央、国务院"保交通、保供电、保民生"的总体要求，应急指挥中心、各有关部门和灾区各级政府，在人民解放军、武警部队和公安民警的大力支持下，以高度的政治责任感，迅速组织开展了抢通道路、抢运电煤、抢修电网、保障灾区群众生活、保障灾区市场供应攻五个攻坚战。

努力与战斗终于有了成效，各地灾情在采取上述措施之后得到了显著缓解。2 月 13 日，国务院第 208 次常务会议分析了应急抢险抗灾工作的进展情况，及时决定将工作重点由应急抢险转为灾后全面恢复重建。2 月 15 日，国务院批转了《关于抢险抗灾工作及灾后重建安排的报告》，灾后重建工作迅速全面展开。

有人说："有一种真情温暖人心……漫天风雪，成了真情的见证者。"受灾的是中国南方的半壁河山，可是举国上下的心都牵挂着那些在路途中的人，从总书记、总理以及各级政要到学生、教师、演员、士兵、商人……甚至包括国际社会中关心中国人民的各界人士，也时刻关注着 2008 年初春发生在中国南方的这场巨大的灾变。"风雪无情人有情"正是当时情境的确切写照。

在严冬冰雪面前，党中央和各级政府的有力措施是雪灾中人们的最大保证；同时，全国人民的关爱也是受灾群众走出雪灾最有力的支持。在无数双援助之手的帮助下，我们克服了困难，战胜了灾情，大部分人也实现了回家过年的心愿。冰雪途中的各种温暖，永远激荡在归者的心间。

我们的民族和国家，在过去的日子里经历了太多的苦难，对于各种挫折和艰难已经有了足够的承受力。中国共产党从诞生那一天起就一直在与各种困难作斗争，每每在危难之际挽救大厦于将倾。在前所未有的雪灾面前，中国政府充分发挥了我们的制度优势，协调运用全国的力量，在第一时间提供最全面的支援，努力将灾害的威胁降至最低。

2. 人神共悲大地震

2008 年 5 月 12 日 14 时 28 分 04 秒，中国境内以四川汶川为中心的大地震爆发了。一场震动中国、震动全球的大灾难不期而至，转瞬间，平静美好的一切都被打破了：宁静的山村变成了废墟，热闹的城镇变成了"地狱"，鲜活的生命变成了亡灵……

一切都来得那么突然，那么残酷！西南处，国有殇！

汶川大地震是新中国成立以来破坏性最强、波及范围最大的一次地震。此次地震重创约 50 万平方公里的中国大地！

中华民族在灾难面前展现出了空前的团结和坚忍的气质。无数平凡的人展现了中国的伟大力量，展现了中国的不凡特质，展现了历经苦难仍自强不息、勇敢奋斗的民族精神。

用怎样的语言才能描述中国人在这一灾难中的表现呢？

也许世界各大媒体对于中国地震的相关报道，能够让人们稍稍感受一下：

美国《纽约时报》：温总理对灾区群众高度关切的形象和他亲临第一线的鲜明姿态一次次出现在电视屏幕上，与其他一些国家发生灾害后政府的迟缓表现形成了鲜明对比。中国领导人的努力证明了在关键时刻中国政府能够做到反应迅速。

美联社：这种快速的动员，反映了中国领导层已经将灾难救援放在突出的位置，也向世界展示了，他们对奥运期间的任何突发事件都会准备充分。

美国有线电视新闻网：在这次地震中，中国人民展现出了深深的同情心，他们是一个团结的民族，紧紧联合在一起。

俄新社：中国，挺住！汶川地震让半个亚洲震动，让整个世界震惊。中国经历的磨难太多，但从没在磨难中倒下。面临灾难，中国展现出坚韧与顽强，珍视生命，中国赢得了全世界的敬意和赞扬。

西班牙《世界报》：正是这些志愿者、战士和救援人员不屈不挠的精神，把这个已经无数次遭受过外来入侵和各种灾难的国家一次又一次地从废墟中拯救过来。

《日本经济新闻》：在天安门广场，默哀完毕后，人们列队高呼"中国加油"等口号，显示出高涨的爱国主义情绪。

加拿大CBC电视台：中国军队的反应速度和人员、装备、物资投放能力均给人留下深刻印象。

德国《世界报》：中国"历史上最大的军事行动"只为救灾。

CNN：在四川省的省会城市成都，数千百姓的情感在哀悼活动中得到了宣泄。在180秒的哀悼活动结束后，他们高喊着支持灾区的口号。"在静默的那一刻，所有人的手紧紧握在一起，一些人哭泣着……他们对于如此多人的遇难感到难以置信和震惊。"

《澳大利亚人报》：中国人正敞开胸怀，慷慨解囊，踊跃献血。

美国《洛杉矶时报》：越来越人性化的政府，努力向民众提供精神安慰和国家支持。

从这些海外主流媒体的报道中不难看出：当地震袭来的时候，党中央和全国人民迅速行动起来，中华民族的凝聚力空前强大！

大灾难对中国政府的能力提出了极大的挑战。他们能应对吗？

灾情就是命令，人们以最快的速度投入救灾中去！以胡锦涛同志为总书记的党中央领导集体此时展现出了共产党人应有的责任感和领导能力。

日本《经济学人》周刊 2008 年 6 月 3 日（提前出版）一期发表文章，题目是《四川大地震体现出的中国政府的危机管理能力》。文章摘要如下：

> 四川大地震给即将举办北京奥运会的中国带来了冲击。自唐山大地震以来最严重的地震灾害考验着中国政府的危机管理能力。
>
> 胡锦涛主席在地震发生后召开中央政治局常委会，做出"全力开展救援行动"的指示。
>
> 大地震发生在 5 月 12 日 14 时 28 分。温家宝总理当天晚间便乘专机抵达了临近震中的成都指导救灾工作。深入灾区的温总理身着夹克衫，脚穿运动鞋，冒雨激励受灾群众。在临时搭建的"帐篷指挥部"中，温总理指示救援人员"全力开展搜索行动，只要还有一个人活着就决不放弃"。
>
> 温总理亲赴灾区和灾民直接对话，能够让民众感到政府是与他们"站在一起的"。这或许就是中国式危机管理的基本方针。

不仅仅是最高层的领导迅速动员起来，所有的中国人实际上在灾难发生的那一刻很快就动员起来了。

大地震发生后，中国政府一如既往，出动了大量的现役军人和武警官兵，展开了武装部队自 1979 年中越边界战争以来范围最广泛的一次紧急部署。很多士兵徒步翻山越岭，穿过被山体滑坡阻断的公路，日夜兼程赶往灾区。因为他们知道，有无数的人在等着他们的到来。大多数士兵并没接受过救灾训练，但是他们总是勇敢地、义无反顾地出现在那些依然非常危险的地区。他们开通阻塞的道路，救援压在废墟中的人员，清理亡者的遗体，建造临时安置的板房，救助流离失所的灾民。只要有军人出现的地方，人们就看到了无限的希望，人们就有了无限的勇气。

除了无所不在、无所不能的解放军战士，灾区还出现了大量的志愿者，他们有的是有组织而来的，有的是自己来的；有的来时带着衣服、被子、钱粮，有的则是带着一个庞大的

被救出的儿童在向解放军叔叔敬礼

出现在地震重灾区的社会救援队伍

救援施工队。就是这样一些极其平凡的人，在这时把自己变成了真正具有无限爱心的英雄。他们跟解放军战士一样，是最可爱的人！

无数平凡的中国人、港澳台同胞和海外侨胞听到中国政府的灾情通报后，在第一时间里展开了救援捐赠活动。他们提供的捐赠款项和物资数量惊人，切切实实地解决了灾区老百姓的日常生活困难。

在这次大地震中，中国政府适时地向全世界通报国内的救灾情况，并接受外国政府和组织提供的各类援助。这些援助来自全球各地。胡锦涛主席对国外援助地震灾区的行动表示深沉的感谢。这表明，中国已经融入世界，同绝大多数政府保持着良好的关系。

在这次八级大地震中，财产损失难以计算，人员伤亡情况更是惨重无比：近七万人遇难，约三十八万人受伤，约一万八千人失踪。

当灾难、救灾已成往事，重建工作便紧张而有序地展开了。

在党中央、国务院的坚强领导和亲切关怀下，面对艰巨繁重的灾后恢复重建任务，兄弟省区市及社会各界倾力支援、倾情相助。灾区省份各级党委、政府精心组织、精心实施，全体人民特别是灾区人民自力更生、艰苦奋斗。从 2008 年 10 月到 2010 年 9 月，两年时间的呕心沥血，700 多个日夜的艰苦奋战，四川省纳入国家重建规划的 29700 个重建项目已开工 99.3%、完工 85.2%，概算总投资 8613 亿元已完成 7365.9 亿元，占 85.6%，圆满完成中央"三年重建任务两年基本完成"的目标。

灾民在灾后重生，家园在灾后重建，人心在灾后更加坚强！

如今，这片曾经山崩地裂、满目废墟的土地已旧貌换新颜：受灾群众住进了新房，公共服务设施全面上档升级，重建城镇初展新姿，基础设施得到了根本性的改善，产业发展得到了优化升级，防灾减灾能力也有了显著提高。

截止到 2012 年 5 月，四川省纳入国家灾后恢复重建总体规划的 29692 个项目已完工 99%，概算投资 8658 亿元已完成

纪念"5.12"特大地震遇难同胞碑

投资 99.5%；地震灾区实现了"家家有房住"，基本实现了"户户有就业""人人有保障"。

从 2008 年到 2010 年，我们的国家经受了国内外的双重考验。2007 年下半年，美国的次贷危机开始发酵，到 2008 年演变成世界金融危机，经济衰退开始影响全球并祸及中国，中国的外向型经济承受了巨大的压力；国内方面，2008 年年初即遇大雪，5 月份发生汶川大地震，人员财产损失巨大。

但是考验还没有停止！

2010 年 4 月 14 日，与四川汶川、北川隔山相望的青海省玉树县发生大地震，震中位于玉树县城附近，震级 7.1 级。

截至 2010 年 5 月 30 日，玉树地震共造成 2698 人遇难，270 人失踪。大量住房倒塌，学校、医院等公共服务设施严重损毁。地震波及青海省玉树藏族自治州和四川省甘孜藏族自治州多个县，受灾面积达 3 万多平方公里，受灾人口有 24 万多人。

地震发生后，整个国家迅速行动起来，国家领导人当天即赶到现场指挥救灾；武警和军队迅速进入震区，由于地震发生在高原地区，救灾困难重重，但是不论是专业救援队，还是武警战士，抑或是志愿者，都在最大程度地努力着，只为能够在黄金救援时间里抢救出更多的生命。

无数的人参与到捐助活动中。"一方有难，八方支援"，不再只是一句口号，而是中华民族在面对灾难、面对挑战和压力时的应对准则。孔子说，亲亲为仁，这句话在当时的解读就是"凝聚力"，中华民族的凝聚力，中国各阶层、各民族的团结和凝聚力。

多难兴邦！大地震灾后恢复重建的伟大实践，集中体现了全心全意为人民服务的中国共产党的伟大力量，充分展示了中华民族和衷共济、团结奋斗的民族品格；集中体现了中国特色社会主义制度的无比优越性，充分展示了改革开放以来不断增强的综合国力；集中体现了科学发展观的重大指导意义，充分展示了"万众一心、众志成城，不畏艰险、百折不挠，以人为本、尊重科学"的伟大抗震救灾精神；集中体现了灾区各级党委、政府对历史负责的高度自觉，充分展示了灾区人民自强奋进、顽强拼搏的不屈意志。有了这样的意志，我们的民族在复兴之路上可以无坚不摧。

3. 走出金融危机阴影

2007 年的夏天，一个新的名词——"次贷"——开始出现在不少关注国际新闻的中国人的视线中。这是一个对绝大部分中国人来说极其陌生的名词，一个只有金融专业人士才能够理解的专有名词。但就是这个名词，开始深刻地影响着中国老百姓的日常生活。

让我们先来看看"次贷"到底是一个什么样的事物。

美国的房屋抵押贷款大致分为三类：优质抵押贷款、次优抵押贷款以及次级抵押贷款（即"次贷"）。"次贷"市场面向信用评级较低、收入证明缺失以及负债较多的贷款客户。这种抵押贷款信用要求不高，但是其贷款利率比一般抵押贷款利率高出2%—3%，因此许多金融机构在巨大利润的诱惑下，开始大量发放次级抵押贷款。自 2007 年年初起，美国"次贷"的凶恶本性开始显露出来。

这年 4 月，美国高企的房价开始进入显著的下降通道，次级房贷的坏账问题恶化，作为美国最大贷款机构之一的新世纪金融公司申请破产保护。接着，"次贷"风险向各个领域和各个地区传递，导致美国以"次贷"作为基础资产的金融产品大幅贬值，美国的金融界出现了流动性问题。7 月，危机继续蔓延，西方国家的对冲基金、抵押贷款机构短期内遭受重大损失。八九月间，"次贷"风险愈演愈烈，美联储以及欧洲、日本的央行见势不妙，开始多次向金融系统紧急注入资金，总计达到4000多亿美元，以支持金融市场的流动性。但是，一切都为时已晚。

到2008年9月，这场金融危机已经失控，"次贷"风险正式演化为牵涉多个领域、波及全球多个地区和国家、带来持续巨额损失的危机。这场危机造成的损失之大、影响之广，至今仍然被经济学界和实体经济界非常真切地感受着，很多经济学家更是将其称为超越20世纪30年代"大萧条"的经济危机。

这场危机的直接后果是欧美、日本的金融业和实体经济发生了灾难性的转变，各国的购买力下降，失业与破产的狂潮接踵而来。

在经济全球化的大背景下，大洋彼岸的经济危机来势汹汹，使中国经济的发展也一下子进入了严冬。

美国等西方国家唯利是图的本性是难以改变的，它们为了减少本国的损失，开始滥发钞票以增加金融市场的流动性。这直接导致拥有巨额美元资产的中国蒙受了巨大的损失，也使中国的外汇储备和对外投资贬值暴露于显而易见的风险之下。

而且，随着发达国家的金融危机对实体经济影响的不断加深，国际贸易保护主义日渐抬头，中国的出口外贸企业面临着巨大的压力和严峻的挑战。自2007年下半年开始，中国实际出口增速开始下滑；9月以后，中国出口月度实际增长率已经从上半年的约20%左右降至10%以下；到2009年第一季度，出口实际增长率已经下降到3%；2009年前7个月，美国的进口需求急剧下降，中国对美国出口增幅下滑8.1%。随着贸易保护主义的加强和国际需求的减少，在较短的时间内，中国的出口外贸企业尤其是中小企业大量停产，江浙地区和广东省出现了外贸工厂的破产大潮。当时东南沿海的中小型外贸企业的经营状况可谓是"哀鸿遍野"。与之相应的是，东南沿海工业发达地区开始出现了大量民工离开工厂的返乡高潮，农村就业问题变成了一个巨大的社会问题。

与此同时，中国经济的整体形式面临着巨大的下滑压力，对外投资也变得疲软了。股票市场由于受到外围市场的影响，在 2007 年 10 月达到最高点 6124 点后一路下滑，到 2012 年 12 月一度降低到 2000 点以下。

面对危机浪潮的汹涌来袭，中国政府和领导人高瞻远瞩，承担起一个大国应负的责任。在 2008 年 11 月华盛顿举行的二十国集团领导人峰会上，胡锦涛发表了题为《通力合作 共度时艰》的重要讲话。在讲话中他强调，要遏制金融危机的扩散和蔓延，避免发生全球性经济衰退；国际金融体系改革，应该坚持建立公平、公正、包容、有序的国际金融新秩序的方向，坚持全面性、均衡性、渐进性、实效性的原则；应该提高发展中国家在国际金融组织中的代表性和发言权，关注和尽量减少金融危机对发展中国家特别是最不发达国家造成的损害；中国愿继续参与维护国际金融稳定、促进世界经济发展的国际合作，支持国际金融组织根据国际市场变化增加融资能力，加大对受到这场金融危机影响的发展中国家的支持。

除了在国际上呼吁通力合作应对这场金融危机外，党中央和中国政府也出台了得力的措施以应对这场不容忽视的危机：

在处理好扩大内需与稳定外需、增加投资与扩大消费等关系的前提下，着力扩大居民消费需求，努力实现消费、投资、出口相协调，拉动经济增长。为此，就要加快调整国民收入分配结构，增强居民特别是低收入群众的消费能力。保持政策连续性，进一步做好经济结构调整和家电、汽车、摩托车下乡工作，继续实施家电和汽车以旧换新政策，增加农机具购置补贴，增加普通商品住房供给，支持居民自住和改善性购房需求，加大农村危房改造支持力度，适应群众生活多样性、个性化的需要，引导消费结构升级。

加快推进致力于结构调整的自主创新。推进自主创新，就是找到了调整经济结构的支点。贯彻以科技为支撑，将其作为一揽子计划的重要组成部分，大幅度增加科技投入，推动技术改造，加快实施重大科技专项攻关，大力培育新兴战略性产业。

尽快实现全国范围的产业结构升级和"产业漂移"。经过统筹规划，使发达地区与欠发达地区联手发展。发达地区可为欠发达地区提供技术支持和项目拓展，欠发达地区可为发达地区提供广阔市场和发展支撑。通过产业结构升级和"产业漂移"，借机淘汰部分低附加值、高能耗高污染、粗放型企业，同时加强企业对科技的投入，推动产业转型升级，这样既能够顺利实现经济结构调整，又能够推动不发达地区的发展。

为了将上述指导思想落到实处，中国政府开始大力投资基础建设工程，尽力挽救就业市场，稳定中国经济的发展水平。自 2008 年开始，中央政府出台了总额达 4 万亿元人民币的经济促进计划。

经过全国上下的共同努力，中国不但成功应对了金融危机带来的发展压力，还成功开始了经济结构的转变。到 2010 年，中国的经济增速在全球率先实现了漂亮的"V"形反转。经过金融危机的洗礼，中国作为最重要的发展中国家，开始在国际经济舞台上发挥更大的作用，在区域经济中更是具有了决定性影响。

一个国家、一个民族不要指望永远都在万世太平中度过。我们历经各种磨难，才真正地理解了什么是"多难兴邦"。站在自然灾难中逝去的亲人的墓地前，我们可以掩面流泪，但是我们不会低头，更不会沉迷在悲伤中不能自拔；面对人为的灾害造成的蹈天狂潮，我们可以暂时退却，但是我们不会一直视若无睹，更不会畏难却步。终究，我们会擦干泪水，迎难而上。一个伟大的民族，他的人民永远都具有战胜困难和敌人的雄心斗志；一个伟大的国家，他的政府永远都会把人民和国家的利益放在最重要的位置。只有这样的国家、这样的民族，才能战胜历史的捉弄和命运的安排。

复兴的路依然漫长，奋斗的历程依然艰险。有根底、有志气、有毅力、有精神的中国人将一如既往地奋勇前进！

二、非凡的成就

在这 5 年里，我们感受着中国不平凡的变化；在这 5 年里，全国人民在中国共产党的领导下，在中华民族伟大复兴的征程上不断迈进。这是解放思想，改革开放，为全面建设小康社会不懈奋斗的 5 年；这是直面挑战，攻坚克难，奋力把社会主义现代化建设推进到新阶段的 5 年；这是万众一心，奋发图强，中国社会发生新的深刻历史性变化的 5 年。5 年来，中国特色社会主义硕果累累。

复兴之路

非凡的成就

1. 超越东邻：
成为"世界第二大经济体"

2010 年 8 月 16 日，是个普通的日子，但就在这一天，国际媒体将"中国超过日本成为世界第二大经济体"作为头号新闻传遍全世界。全球经济体系第一次出现了一个真正意义上的非西方国家，这种变化意味着一个时代的终结，这一天也将被载入人类发展的史册。当时，《纽约时报》的一则报道说："中国经济在经历了几十年令人炫目的发展之后，在今年的第二季度终于超过日本成为世界第二大经济体，这是中国经济发展的一个里程碑。"5 年间，中国在悄然改变着世界经济版图。

5 年来，我国经济飞速发展，各项主要经济指标成倍增长。中国经济总量连续跨越新台阶，居世界位次稳步提升。国内生产总值 2008 年超过德国，2010 年超过日本，成为仅次于美国的世界第二大经济体。中国经济占世界经济的比重升至2011 年的 10% 左右，对世界经济增长的贡献率超过了 20%，成为带动世界经济复苏的重要引擎。"世界第二大经济体"、"世界经济的稳定器"成为中国的"新头衔"。我国的综合国力也随之连续迈上新台阶，不断缩小与发达国家之间的差距。新中国缔造者们所确定的赶超目标正在逐步成为现实。

在经济总量稳步增长的同时，人均国内生产总值也快速增加。2011 年，我国人均国内生产总值达到 35083 元，扣除价格因素，10 年中，年均增长 10.1%。

世界 500 强企业排行榜中，到 2012 年，上榜的中国企业已达到 79 家，其中中国大陆企业 69 家，总数超过日本，仅居美国之后。

中国经济发展的奇迹，让全世界为之瞩目。英国知名专栏作家、亚洲问题专家马丁·雅克认为，应对金融危机的过程凸显了中国在解决全球性经济问题中不可或缺的作用。他指出："在经济危机背景下，中国由于出台了相应的拉动内需计划，所以仍然保持了较快增长速度。这种情况下，中国有能力就美元地位、国际货币基金组织作用等与金融危机有关的问题发表更多的意见和看法。"

经济快速增长带来了国家财政收入的稳定增长。2011年，我国财政收入突破了10万亿元。2012年1—10月，全国财政收入已经突破10万亿元，比2011年同期增长11.2%。财政收入的快速增长为加大教育、医疗、社保等民生领域的投入，增强政府调节收入分配能力等提供了强有力的资金保障。

5年来，中国国家外汇储备大幅增加。2009年年末突破2万亿美元，2011年年末达到3.18万亿美元，年均增长30.7%。截至2012年6月末，我国外汇储备已达3.24万亿美元。我国的外汇储备10年增长了10倍多，外汇储备规模连续7年稳居世界第一位。

中国的经济结构调整也迈出新的步伐。5年间，我国三大产业的协同性不断增强，农业基础稳固、工业生产能力全面提升、服务业全面发展的格局逐步形成。按照国际标准工业分类，在22个大类中，我国在7个大类中名列第一，钢铁、水泥、汽车等220多种工业品产量居世界第一位。据美国经济咨询公司环球通视数据，2010年我国制造业产出占世界的比重为19.8%，超过美国成为全球制造业第一大国。在工业经济中，制造业之外的新兴行业得以发展，新能源、新材料、新医药等新兴产业蓬勃兴起，成为经济增长新亮点。同时，服务业也不断发展壮大。2011年，服务业增加值占国内生产总值的比重上升到43.1%。快递业、信息服务业等现代物流业、商务服务业、高技术服务业迅速发展，对经济社会发展的支撑和带动作用日益凸显。

在国家扩大内需战略的带动下，内需对经济增长的拉动作用显著增强。尤其是在应对国际金融危机冲击中，内需的强劲增长有效弥补了外需的不足，对实现经济平稳较快发展起到了极为关键的作用。

经济结构调整取得了良好成绩。根据国家统计局公布的数字，2012 年前三季度最终消费对于经济增长的贡献率达到 55%，超过投资对经济增长的贡献率。

区域结构也不断得到优化。中西部地区加快发展，经济总量占全国的比重持续上升，区域发展呈现出协调性增强的趋势。主体功能区建设初见成效，西部大开发、振兴东北老工业基地、促进中部地区崛起等区域发展战略向纵深推进，区域间产业梯度转移步伐加快，中西部地区发展潜力不断释放。

5 年间，中国的基础设施和基础产业实现了新的飞跃。党和国家坚持把"三农"问题放在经济社会发展全局的突出位置，有效克服了自然灾害频发的不利影响，农业综合生产能力稳步提高，特别是取消农业税、实施农业补贴，极大地调动了农民生产积极性。2011 年，粮食总产量达到 57121 万吨，已连续 5 年稳定在 5 亿吨以上，实现半个世纪以来首次"八连增"。近年来，我国谷物、肉类、花生、茶叶、水果等农产品产量稳居世界第一位。

中国固定资产投资快速增长。为应对国际金融危机冲击，国家实施了 4 万亿元投资计划，主要投向国民经济和社会发展的重点领域和薄弱环节，形成了一批利于长远发展的优良资产，增强了经济社会发展的后劲。

能源生产供应能力稳步提高。2011 年，我国能源生产总量达到 31.8 亿吨标准煤，是世界第一大能源生产国，能源自给率在 90% 左右。能源结构进一步优化，水电装机规模居世界第一位。

2011 年 6 月 7 日，上海开往拉萨的列车从唐古拉山山脚下经过

　　我国交通运输能力持续增强。截至 2011 年，高速公路总里程已经居于世界第二位；民用航空航线里程达到 349.1 万公里；沿海规模以上主要港口货物吞吐量达到 61.6 亿吨。

　　5 年间，中国的邮电通信业也得到了蓬勃发展，传统业务继续发展，移动电话用户数快速增加。2011 年，固定电话年末用户达到 28510 万户，移动电话年末用户达到 98625 万户。新兴业务不断发展壮大，快递业等新兴业务不断涌现，3G 移动用户迅猛增长，互联网规模快速壮大。2011 年，互联网上网人数达到 5.1 亿人，稳居全球第一。

　　5 年间，中国对外经济和对外贸易实现了新的跨越。世界多极化、经济全球化深入发展，世界经济结构加快调整，全球经济治理机制深刻变革。面对复杂多变的国内外形势，党中央积极应对挑战，国际影响力空前提高。

我国的贸易规模不断扩大、商品结构不断优化。2011 年，货物进出口总额达到 36421 亿美元，进出口贸易总额跃居世界第二位，其中货物出口额居世界第一位，货物进口额居世界第二位。

中国连续多年成为吸收外商直接投资最多的发展中国家，全球排名也上升至第二位。2012 年 10 月 23 日，联合国贸易和发展会议发布的最新一期《全球投资趋势监测》指出，2012 年前 6 个月，发展中经济体吸引了一半以上的外国直接投资。中国继 2003 年之后再次超过美国成为全球最大外国直接投资目的地。

新中国成立 60 多年来，中国从一个积贫积弱、百废待兴的国家逐步发展成为全球制造业大国，中国经济增长也成为世界经济增长的重要推动力之一，经济建设成就举世瞩目。

2. 民主是个好东西：人民民主扩大

"民为重，社稷次之，君为轻。"这句话曾为古代多少明君贤相所信仰，并成就了他们的盛世传奇。然而，这一切的辉煌为何都一次次化为浮云，飘散在历史的烟波里？站在民主的对立面，他们所追求的国泰民安往往如昙花一现。民主，不是封建社会的驭民之"术"，而是现代民主社会科学发展之"道"；它不是一个抽象的口号，而是体现在对每一个人的生存权、发展权、参与权、监督权的尊重！

十七大以来，中国的基层自治彰显出了民主的活力。随着经济社会不断发展、人民政治参与的积极性不断提高。为顺应这一形势，党和国家积极稳妥地推进政治体制改革，扩大社会主义民主，建设社会主义法治国家，发展社会主义政治文明。我国成功开辟和坚持了中国特色社会主义政治发展道路，社会主义民主政治展现出更加旺盛的生命力。

5 年来，中国始终坚持发展基层民主，保障人民享有更多更切实的民主权利，成果丰硕。可以参见这样几个片段：

2012 年 8 月 28 日，小岗村的村民们把大包干纪念馆报告厅挤得满满当当。他们要与县委书记、县长面对面探讨房屋改造、发展旅游的大事。严俊昌，当年大包干的带头人之一，坐在最前排。

"怎么改？""钱谁来出？""质量如何保证？"乡亲们与县领导你一言我一语。这一刻，人人都是小岗村民生发展的决策者……

回望 34 年前的那个寒夜，昏黄灯光下的那张"生死契约"上 18 个鲜红的手印，仿佛又在严俊昌眼前。蓦然回首，他感慨万端："大包干，我们一夜过了温饱线，多年却没迈过富裕坎。如今民主议政，大家心想一处，劲使一处，才能过上富裕日子。"这是他最深的感受。

江苏省江阴市山泉村曾矛盾重重、贫穷落后。2009 年，村民们直选能人李全兴为村委会主任。从此，每笔钱怎么赚的，每分钱怎么花的，村民们每季度都会收到一本明细账。新房怎么建、桥梁怎么架，都由村民代表大会表决。年底，村委会班子成员拿到最后一个月工资，全体起立向村民致敬……

3 年后，山泉村变成了富裕村。

2012 年 6 月，33 名欧洲外交官在浙江温岭观摩了一场民主恳谈会——政府部门同几十名村民代表协商古村落的拆迁改造方案。捷克外交官斯沃博达认为："温岭的做法是实现民主的一种途径，只要当地的居民接受它、欢迎它、认可它，它就是一种好的方式。"温岭的民主

复兴之路

非凡的成就

陕西省第八届村民委员会换届选举时，村民为自己中意的候选人投上神圣的一票

恳谈会被称为从泥土里生长出来的"民主载体"，是中国民主发展的一个缩影。

5 年来，基层党组织领导的基层群众自治机制更富活力，基层群众自治范围不断扩大，民主管理制度不断完善，城乡社区日益成为管理有序、服务完善、文明祥和的社会生活共同体。5 年间，全国 98% 以上的村委会实行直接选举，85% 的村建立村民会议或村民代表会议制度，89% 的社区建立居民代表大会。以职工代表大会为基本形式的企事业单位民主管理制度进一步完善，职工参与管理、维护自身合法权益的途径更加丰富。"海议公决"成为民主选举、民主决策、民主管理、民主监督的代名词。大家事、大家议、大家定，民主之风涤荡在希望的田野上，民主之光在和谐的城乡闪耀。

现在，基层群众自治已成为当代中国最直接、最广泛的民主实践，人民的广泛民主权利进一步得到落实。公民有序政治参与得到扩大，民主活力得到激发，政府行政管理与基层群众自治实现有效衔接和良性互动。由民生而求民主、因民主而促民生的双重变奏，成为新世纪中国改革发展交响曲中的华彩乐章。

5 年来，人民的政治权利得到了更好的保障，2008 年，政府信息公开条例正式实施；2010 年，实行城乡按相同人口比例选举人大代表，城乡居民实现"同票同权"；2011 年，98 个中央部门"三公"经费首次向社会公布；2012 年，近8 万个政务微博架起"网民问政"和"政府施政"间的沟通桥梁，党政干部充分运用网络问政于民，公民通过媒体和网络发表言论、表达利益诉求，促进了一些法规的废止和出台。

　　5 年来，各级人大"开门立法"，政府部门问需于民、问计于民，公共事务听证成为常态。不断畅通和拓宽社会利益表达渠道，进一步实施行政复议和行政诉讼制度，颁布政府信息公开条例，落实领导干部和行政执法过错责任追究制度，公务活动越来越置于法律和公众的监督之下。政府、民众、媒体、网络和日益增长的民主法制意识推动着民意表达与善政的良性互动。

　　5 年中，国家更加注重发挥法治的作用。司法体制改革取得阶段性成果，法治政府建设步伐加快。中国特色社会主义法律体系基本形成，进一步保障了社会公平正义，为中国特色社会主义永葆本色和兴旺发达奠定了法制根基，成为党和国家在各种风浪冲击面前始终沿着正确轨道平稳前进的重要保障。

　　十七大报告提出，"以扩大党内民主带动人民民主"；2012 年 7 月 23 日，胡锦涛再次强调"积极发展党内民主""发展更加广泛、更加充分的人民民主"。

　　美国布鲁金斯学会学者李成认为，中国共产党推行党内民主……可能提供一个渐进的和可控的中国式民主的实验。

　　5 年间，官员差额选举、"公推票决"稳步推进。最引人注目的是 2011 年江苏省差额选举出 13 位省委常委。

　　5 年间，从两会议政到立法听证，从网络问政到决策听证，从中央领导在田间地头听取民意到工人农民进中南海建言献策……

5年间，干部选拔任用走向公开透明，人大代表实现城乡同比例选举，党内民主、选举民主、协商民主、基层民主在实践中稳步推进。

5年间，听证制度不断推进，政务信息逐步公开，知情权、参与权、表达权、监督权的彰显，不断扩大的公民有序政治参与和政府积极回应群众关切的走向常态，成为一大亮点。

2011年，中央部委率先公开"三公"经费，各地各部门积极响应。如今，晒"三公"经费成为许多地方和部门的"规定动作"。这只是近年来打造"阳光政府"的又一坚实步伐。中央人民政府门户网站开通；74个国务院部门和单位、31个省份都建立了新闻发布和新闻发言人制度。如今，"以公开为原则，以不公开为例外"，"阳光政府"让群众的知情权、参与权、表达权和监督权得到更充分的保障。

诚然，伴随着公众权利意识的觉醒、法制观念的增强、知情参与的更高诉求，我们的民主进程与民众的广泛期待还有差距，然而，正是在这种顺应与适应中，民主在不断发展进步。从人治到法治，从一事一解决到事事靠制度，中国的民主建设正一步步走向成熟。"中国式民主"必定会更好地根植于现实国情和文化土壤，实现现代化国家的民主梦想。

德国《新德意志报》评论：目前中国正在进行当代最伟大的社会实践……中国定将实现一种特殊的民主，这种民主将考虑到这个大国的社会、文化和经济特点。这种亚洲"社会主义民主"所涉及的是史无前例的继续思考，不是抽象地复制西方民主。

世界历史进程不断地证明这样一个共识：简单复制西方的民主模式会水土不服、导致混乱，好的民主首先应当符合本国国情，民主的实现形式因国情不同而富有多样性。中国的民主发展正是循着这样的务实路径，立足国情、关注民生、增量改革，在"坚持体制、创新机制"中探索实现民主的具体途径。

3. 一切都是那么繁荣：文化科技的大发展

北京时间 2012 年 10 月 11 日 19 时，瑞典诺贝尔奖委员会宣布，中国作家莫言获得 2012 年诺贝尔文学奖。莫言由此成为诺贝尔文学奖 100 多年历史上，首位获奖的中国作家。这个消息令中国文学界沸腾，也令所有中国人感到骄傲。瑞典皇家科学院诺贝尔奖评审委员会的颁奖词是：莫言将魔幻现实主义与民间故事、历史与当代社会融合在一起，他创作中的世界令人联想起福克纳和马尔克斯作品的融合，同时又在中国传统文学和口头文学中寻找到一个出发点。

中国作家协会在给莫言的贺词中称：莫言的获奖，表明国际文坛对中国当代文学及作家的深切关注，表明中国文学所具有的世界意义。

今日中国，在经济实力不断增强的同时，文化力量也悄然开枝散叶。新加坡《联合早报》这样评价："在经济增长的故事以外，中国还有一个也许较不抢眼、较不具新闻轰动效应的故事——一个文明重建的故事。"

2007 年 10 月，十七大提出，推动社会主义文化大发展大繁荣，强调要坚持社会主义先进文化前进方向，兴起社会主义文化建设新高潮，激发全民族文化创造活力，提高国家文化软实力。

2009 年 9 月，国务院发布《文化产业振兴规划》，首次将发展文化产业上升到国家战略。

2011年10月，十七届六中全会通过《中共中央关于深化文化体制改革、推动社会主义文化大发展大繁荣若干重大问题的决定》，将文化体制改革进一步提升到国家发展战略的高度，首次提出建设社会主义文化强国的战略目标，这是寻求强国、富国、大国和谐之路的文化宣言。

在中华民族伟大复兴的征程中，促进经济社会协调发展、文化复兴的号角业已吹响。振兴中国文化，从文化大国迈向文化强国，是民生的需要，更是国家长远发展的必然选择。近年来，国家财政支出不断向文化倾斜、加大投入力度。全国各级财政对文化的投入在2010年达到1528亿元；中央投入39.48亿元用于全国乡镇综合文化站建设；中央和地方共投入82亿元用于广播电视村村通工程建设；投入63亿元用于文化遗产保护；从2008年到2010年，中央财政累计安排52亿元专项资金用于公共文化设施免费开放。

我国的文化产业从小到大、由弱到强，异军突起，各项指标均位居世界前列。数千家报刊、570多家出版社、3000多家发行企业、2100多家文艺院团通过文化体制改革从事业单位转变为自负盈亏、自我发展、自我约束的企业。我国日报总发行量、图书品种和总印数、电视剧产量均居世界第一，电影产量位居世界前茅，进入了新闻出版影视大国行列。文化与科技金融旅游相互融合日益加深，新兴文化业态蓬勃发展，涌现出一批知名文化品牌和大型文化企业，文化产业已经成为新的经济增长点。

近年来，我国文化事业进一步发展，覆盖城乡的公共文化服务体系逐步建立，公共文化设施免费开放取得可喜突破，重点文化惠民工程基本完成，群众文化生活得到更好保障。目前，广播电视村村通工程已覆盖全部通电行政村和20户以上自然村，全国广播电视综合人口覆盖率分别提高到97.06%和97.82%。农村电影放映工程年放映800

2010年6月19日,正在新西兰访问的习近平在惠灵顿与维多利亚大学沃尔什校长为新西兰第三所孔子学院揭牌

万场电影,基本实现一村一月放映一场电影的公益服务目标。文化信息资源共享工程已建成83万个服务点,覆盖全国90%的行政村。

创作生产更多无愧于历史、无愧于时代、无愧于人民的优秀作品,是文化繁荣发展的重要标志。十七大以来,我国文化创造力空前迸发、文艺创作百花争艳。文艺创作表现手法日益丰富,在美术书法、戏曲话剧、影视歌曲等各个领域都涌现出了大量的优秀作品。一部部脍炙人口、昂扬着民族精神和时代气韵的作品,展现了我国文艺大繁荣大发展的生动局面。为庆祝中华人民共和国成立60周年创排的大型音乐舞蹈史诗《复兴之路》,在人民大会堂和国家大剧院连续演出100场,中国舞台艺术的深刻表现力让世人惊叹。中华民族伟大复兴必然伴随着中华文化繁荣兴盛。

当今世界正处在大发展大变革大调整时期,文化在综合国力竞争中的地位和作用更加凸显,维护国家文化安全的任务更加艰巨,增强国家文化软实力、中华文化国际影响力的要求更加紧迫。

当前,中国文化"走出去"步伐加快,影响力日益增强,初步形成了以民族文化为主体、吸收外来有益文化、推动中华文化走向世界的文化开放格局。文化"走出去"，凸显了一个文明古国走向文化复兴的坚定决心，是实现文化自强、提升国家"软实力"的必经之路。

"孔子，孔子，人人都在讨论孔子。跨越了 2000 年，孔夫子'活跃'在东方人、西方人的唇齿之间。"联合国经社部战略规划司司长内维德·哈尼夫曾发出这样的感叹。自全球第一所孔子学院于 2004 年 11 月 21 日在韩国首尔揭牌至今，387 所孔子学院和 509 个中小学孔子课堂已覆盖全球 108 个国家和地区。

目前，我国与 100 多个国家签订了文化合作协议，以"文化年"、"国家年"、"交流年"为主题开展了各类大型国际文化活动；在海外已建成巴黎、柏林、东京等多个中国文化中心；不同规模的中国文化节、艺术节，"相约北京"、"上海国际艺术节"等国际性文化交流品牌已成为传播中华文化的重要载体。

"蓄之以道，养之以德。"随着中国的发展，随着中国文化的振兴与传播，世界将更广泛更深入地感受到中国文化的旺盛活力和无穷魅力。

4. 不是乌托邦：民生显著改善

民生，是全面建设小康社会的核心要义。民生幸福既是经济发展的目的，也是社会和谐的基础。只有民生得以发展，国家才能长治久安。让人民生活幸福、有尊严，已经成为党和政府工作的主题。

5 年来，民生期待备受重视，民生政策不断出台，民生投入持续加大。一项项关注民生的决策部署和政策措施，写入党的重要文件和国家法律法规。连续提高企业退休人员基本养老金，连续上调最低工资、基本养老金和低保补助标准，大规模建设保障性安居工程，多次上调个税起征点，提高国家扶贫标准……这些新政策、新措施，如春风细雨一般传递到千家万户、田间地头，给人们带来希望。

5 年来，越是经济发展困难的时候，党和政府越是关注民生。2011 年，我国经济增速与上年相比回落 1.1 个百分点，但民生投入不减反增，中央财政预算用于民生领域的支出安排比上年增长 18.1%。财政部门通过优化支出结构，大幅度增加了对"三农"、教育、医疗卫生、社会保障和就业、文化体育、保障性住房等重点领域的投入，大力支持解决人民群众最关心、最直接、最现实的利益问题，努力让广大人民群众更好地分享改革发展成果。2012 年中央财政教育支出与 2005 年相比增加了近 10 倍，保障房建设资金从 2007 年到 2011 年增长 20 多倍。财政支出结构的变化，集中体现了党和政府以人为本的执政理念。

中国经济的发展是有形的，老百姓看得见、体会得到。到 2011 年，根据中国政府提高了的贫困线标准，农村贫困发生率 18.6%，农村贫困人口 1.22 亿人，估计占总人口比重的 9% 左右。这表明，中国不仅在历史上减少绝对贫困人口规模最大，而且在同期的世界各国中减少绝对贫困人口规模最大，对世界减贫事业作出重大贡献。2011 年，中国政府又制定了《中国农村扶贫开发纲要（2011—2020 年）》（以下简称《纲要》），《纲要》明确提出到 2020 年，稳定实现扶贫对象不愁吃、不愁穿，保障其义务教育、基本医疗和住房。贫困地区农民人均纯收入增长幅度高于全国平均水平，基本公共服务主要领域指标接近全国平均水平。

近年来，覆盖城乡居民的社会保障体系建设取得突破性进展，初步形成了以社会保险为主体，包括社会救助、社会福利、优抚安置、住房保障和社会慈善事业在内的社会保障制度框架。全民基本医疗保障体系初步形成，最低生活保障、城乡社会救助体系基本建立，新型农村社会养老保险制度在2015年有望实现全覆盖。这张覆盖13亿人口、全世界最大"保障网"的建成，宣告我国实现了从传统的家庭保障、计划经济时期的单位保障到今天社会保障的历史性跨越。城乡居民的"社会保障网"更大更密实。

2011年春天，湖北襄阳江垱村72岁的村民孙家英记忆犹新。因胃出血，她住了8天院，花费3000多元，这可是一笔不小的费用，但让孙家英惊喜的是，凭借一张小小的新农合医疗卡，就省去2400多元。

2011年年底，家住山西吕梁的农民赵世飞真正感受到了"新农合"的好处。因心脏疾病发作，20岁的赵世飞到医院住院治疗5天，只支付了一半医疗费。"在以前，一般也就吃点速效救心丸。"赵世飞说，自从有了大病医保后，生病了去得起医院，自己的健康更有保障。

很多像孙家英、赵世飞一样的普通农民看得起病了，得益于新型农村合作医疗制度。2011年，全国参加新农合的人口达8.32亿，参合率达到97%。新农合政策范围内住院医药费用补偿比例达70%，农民住院实际报销比例超过50%。2009年4月，《中共中央国务院关于深化医药卫生体制改革的意见》正式发布，着力解决群众反映较多的"看病难、看病贵"问题。如今，全国超过2000家公立医院开展改革试点，超过13亿人有了基本医疗保障，覆盖率达到95%以上，全民医保基本实现。中国编织起了世界上最大的全民医保网，被国际社会誉为"世界奇迹"。

2011年年末全国列入国家新型农村社会养老保险试点地区参保人数达3.3亿人。城镇居民社会养老保险试点开始启动。最低生活保障制度实现全覆盖，城乡社会救助体系基本建立。2011年年末，2277万城市居民得到政府最低生活保障，5306 万农村居民得到政府最低生活保障。2011 年，中央决定将农民人均纯收入 2300 元（2010 年不变价）作为新的国家扶贫标准，比 2009 年提高 92%，按照新标准，2011 年年末农村扶贫对象为 12238 万人。把更多农村低收入人口纳入扶贫范围，这是社会的巨大进步，标志着我国已建立起世界上最大的社会保障体系，是一项了不起的成就。

贵州黔东南苗族侗族州苗族群众住上民族特色保障房

5 年间，中国大力推进保障性安居工程建设，住房保障圆了低收入家庭的安居梦。2011 年中央财政安排资金 1713 亿元，是 2010 年的 2.2 倍，新开工 1043 万套，基本建成 432 万套。"十二五"规划纲要提出建设 3600 万套保障房的目标，第一年开工建设近 1/3。截至 2011 年年底，通过实物住房和货币补贴方式，已使 3000 多万住房困难家庭解决了住房问题。适合我国国情的住房保障体系逐步建立完善，越来越多的人将实现"居者有其屋"的梦想。

人人享有基本社会保障的目标正离我们越来越近。截至目前，包括新农合、城镇职工医保、城镇居民医保在内的我国医疗保险制度覆盖人数已超过 13 亿人，"全民医保"成为现实。2009 年启动实施新农保试点，2011 年实施城镇居民养老保险试点，再到最近在全国部署这两项保险制度，我国基本养老保险覆盖人数超过 7 亿人。

就业被称为民生之本。5 年来，中央不断出台政策措施，扩大就业规模，改善就业结构。全国共实现城镇新增就业 1 亿多人，城镇登记失业率始终在 4.3% 以下。充分的就业，确保了居民稳定的收入来源，为改善生活质量奠定了基础。

5 年来，党中央、国务院在重视改善民生、破解民生难题方面，展现出坚定的决心和勇气。在一天天殷实起来的日子里，亿万百姓满怀希望奔向全面小康，追逐更美好的生活梦想。

5. 教育公平：
共同沐浴阳光

民惟邦本，本固邦宁。学有所教，民心所向。5 年来，作为民生之根本，中国教育一路前行，既伴随着"大国办大教育"的挑战与胸怀，也伴随着"不让一个孩子因贫困而失学"的瞩目与期望。现在，均衡、优质的梦想正逐渐在我国的城市、乡村变成现实。

十七大以来，党和国家坚持把教育公平作为国家基本教育政策，把促进公平与提高质量一起作为国家教育改革发展两大战略任务，义务教育面貌根本改善，高等教育实现了从精英教育到大众教育的跨越，为改革开放和现代化建设提供了充足的人力资源保障。教育阳光普惠大众，孕育出国民素质提升的累累硕果；教育实现跨越发展，奠定中华民族复兴的坚强基石。

安徽省合肥市瑶海区长淮新村小学的学生在领取免费的新课本

改革开放积累起雄厚的物质基础，为"教育免费"政策的出台提供了条件。这一惠民之举让众多家庭的希望被重新点燃。

许多年来，由于家庭经济条件的限制，曾有许多双求知若渴的"大眼睛"只能在梦中看到明亮的教室、品嗅书本的墨香。越是穷困的孩子，越有走出去看外面世界的渴望。贫困，不应成为孩子接受教育的障碍。

"保证人民享有接受教育的机会，是党和政府义不容辞的职责。"胡锦涛总书记的话掷地有声。"让所有孩子都能上得起学上好学"，从此成为各级党委政府的郑重承诺。

2008 年春天，在北京、天津、上海等 16 个省区市和 5 个计划单列市进行免除城市义务教育学杂费试点。

2008 年秋天，免除城市义务教育阶段学杂费在全国范围内实施。

我国在确立义务教育制度 22 年后，首次在全国范围内普遍实行真正意义的免费义务教育。中国政府实现了"让所有孩子都能上得起学"的宏伟目标，兑现了"不让一个孩子因贫困失学"的庄严承诺。

"自古读书需缴费，而今上学不花钞。"这是穷人家的孩子从心底最深处唱出的歌谣。歌谣中，一个讯息传来：教育免费政策，顺民意、惠民生，温暖到老百姓的心坎儿上。

从覆盖义务教育阶段的全部学生，到覆盖中等职业院校的贫困学生和涉农专业学生，再到覆盖高等教育部分师范院校的学生，短短几年，我国教育免费的惠民政策，从点及面，覆盖人群越来越多，覆盖范围越来越广。

以中等职业教育免费为例，2012 年《政府工作报告》明确提出，逐步将中等职业教育免学费政策覆盖到所有农村学生。为了实现这一目标，仅 2011 年，中央财政便安排中等职业学校免学费资金 49.6 亿元。

再以高等教育阶段的教育免费政策为例，从 2007 年秋季入学新生起，国家在 6 所教育部部属师范大学实行师范生免费教育。仅 2011 年，就有 4.82 万人获得师范生免费教育，中央补助资金 5.35 亿元。

世界银行对我国"十一五"期间的教育发展给出了这样的评价："公共教育的提供变得更加公平。为满足弱势群体的教育需求，一个公共财政体系已经建立。城乡和区域差距在某种程度上被缩小。这些都是中国教育发展的重要里程碑。"

"中国用 22 年的时间走过了西方近百年的普及义务教育之路。这对于占世界 1/5 人口的大国来说，是一项非常了不起的成就，是对世界全民教育的重大贡献！"这是世界对中国的评价。

今天，孩子"上不起学"已成为历史，"让所有孩子都能上得起学"成为现实，"让所有孩子都能上好学"将成为中国教育的新目标。由于种种原因，我国优质教育资源一直短缺，而且大多集中在大城市，集中在少数名校，学校之间的办学条件、办学质量存在巨大差异。许多孩子虽然享受到了教育权利，却享受不到同等、高质量的教育。

多年来，各级财政部门加大资金投入力度，深入推进义务教育经费保障机制改革。2011 年，中央财政安排 100 亿元推进全国中小学校舍安全工程；启动农村义务教育学生营养改善计划，中央财政每年安排160多亿元专项资金，为680个国家试点县的2600多万名农村义务教育学生提供每天3元钱的营养膳食补助；2012年，国家财政性教育经费支出占国内生产总值比重达到4%……

从免费义务教育，到中等职业学校的免费教育，再到高等教育的免费师范生教育……从一项项教育免费政策中，我们看到的是一个个如蒋波一样受益的寒门学子正茁壮成长，我们看到的是"让所有孩子都能上好学"的目标已不再遥远。

目前，我国已建立起从学前教育到研究生教育完整的家庭经济困难学生资助政策体系。每年资助家庭经济困难学生近8000万人次，资助金额980亿元。在中西部地区启动了高校家庭经济困难新生入学路费资助项目。

为缩小区域之间的差距，国家实施中西部高等教育振兴计划等特殊的政策和财政支持，同时加大对口支援力度，如实施支援中西部地区招生协作计划，提升中西部高考录取率，组团对口支援西部高校，扎实推进教育援疆、援藏工作，扩大内地高中班、中职班招生规模等。

为加快缩小城乡差距，国家坚持教育资源向农村倾斜。近两年来，中央财政投入350多亿元，实施中西部农村初中校舍改造工程、农村义务教育薄弱学校改造计划，农村学校办学条件显著改善。实施特岗计划，共招聘30万名毕业生，其中80%留在当地从教。实施师范生免费教育，每年有近万名毕业生到中西部中小学任教，还有面向农村教育的志愿服务计划。

为切实缩小校际差距，近年来，主要通过加快薄弱学校改造、推进县域内校长教师合理流动、将优质高中招生名额合理分配到区域内初中、促进优质教育资源共享等办法，大力推进义务教育均衡发展。

"这所学校好，教学楼好看，同学也很合得来！"因为父母打工的缘故，13岁的方宏靖从陕西省吴起县庙沟乡中心小学转入县第二小学，小宏靖以"插班生"的身份，见证了学校一点一滴的变化。"娃娃的学校像宾馆，送进宾馆啥都不用管"的顺口溜，在当地广为传播。随着政府投入越来越大，学校建设越来越好，群众感受着教育发展的日新月异。

5年来，我国国民教育水平显著提高。随着一项项惠民政策的出台，一个个教育难题得到解决，我国基础教育发展正逐步迈向均衡与公平。

对此，国际社会评价：在9个发展中人口大国中，中国全民教育的进步十分明显，发展指数在联合国教科文组织监测的124个国家中排第四十三位，在扫除文盲、缩小教育性别差距、减少贫困等方面为全球作出了杰出贡献。

教育免费政策传递出以人为本的关怀、责任与温暖。带着这份温暖，我们的国家正在迈着更为坚定的步伐从人力资源大国向人力资源强国进发；带着这份温暖，为民族复兴奠基的中国教育事业正孕育着朝气蓬勃的希望！

6. 中国制造与 中国"智造"

2012年6月24日，注定是一个载入史册的日子。飞天传奇在太空续写辉煌，深海探索在海底勇创佳绩。这一天，7000米深海的"蛟龙"和翱翔天宇的"天宫"里的6名中国人，穿越漫漫海天的距离，共铸辉煌，互致问候。"九天揽月"、"五洋捉鳖"，让国人充满了自信。

党的十七大以来，党中央、国务院站在新的历史起点上，从现代化建设的战略全局出发，把增强自主创新能力、建设创新型国家作为面向未来的重大战略选择，优先发展科学技术，大力调整产业结构，着力推进经济发展方式转变。

2012 年 6 月 24 日，"神舟九号"航天员成功驾驶飞船与"天宫一号"目标飞行器对接，这标志着中国成为世界上第三个完整掌握空间交会对接技术的国家。

当天 12 时 38 分，航天员刘旺开始手动控制飞船，使"神舟九号"从 140 米外向"天宫一号"缓缓接近。对接是在阳照区进行的。北京飞控中心的实时画面中，"神舟九号"散发着金属的光芒，以倒飞姿态靠拢天宫。

在距地球 343 千米处实施这个类似"倒车入库"的动作，相当于"太空穿针"，要求航天员具备极好的眼手协调性、操作精细性和心理稳定性。刘旺从容自信地操纵"神舟九号"缓缓靠近"天宫一号"。景海鹏、刘洋全神贯注监视面前的仪表参数和对接靶标。

当组合体飞翔的轨迹如渭水般穿过甘肃与陕西时，12 把对接锁准确启动。12 时 55 分，"神舟九号"飞船和"天宫一号"紧紧相依，向世人宣告：中国首次手控空间交会对接试验成功。这意味着我国完整掌握空间交会对接技术，具备了建设空间站的基本能力。

航天员景海鹏、刘旺、刘洋，手拉着手高举过头顶，景海鹏一如既往地沉稳，刘旺挥了挥紧握的拳头，刘洋的笑容灿若夏花。

至此，在美国、俄罗斯成功进行空间交会对接试验 40 多年之后，中国完整掌握了空间交会对接技术，具备了以不同对接方式向在轨航天器进行人员输送和物资补给的能力。

17 时 41 分，三位航天员向当天创造载人深潜新纪录的潜航员表示祝贺和问候："祝愿中国载人深潜事业取得新的更大成就！祝愿我们的祖国繁荣昌盛！"

20 年前，"神舟"工程涅　而生。"三步走"的发展战略，让中国人的飞天梦想终于转化为实实在在的前进步伐。

20 载沧桑，"神舟"飞船你追我赶，用"特别能吃苦、特别能战斗、特别能攻关、特别能奉献"的中国载人航天精神，

"神九"与"天宫"交
会对接

在苍茫宇宙见证中国载人航天的后来居上。

中国载人航天工程启动 20 年以来，先后完整掌握了天
地往返、出舱活动和交会对接三大基本技术，拥有了建设
空间站的基本能力。中国人的飞天梦又迈上了一个崭新的
台阶。"神九"的成功发射与返回，不仅让中国掌握了迈
进太空门槛的"空间对接技术"，还第一次把我们自己的
女航天员送进了太空，"嫦娥飞天"的神话被一位叫刘洋
的中国女航天员实现。

"神九"与"天宫"成功交会对接，我国一跃成为世界
上第三个完整掌握载人航天基础技术的国家，被国际舆论赞
为"中国迈向航天大国跨越性的一步"。从"神五"到"神九"，
10 年来，中国以"五连跳"完成了当年美、苏从"首飞"到"对
接"的繁复过程。

中国人的飞天梦承载着中国人探索太空的希望，在迈向
茫茫太空的探索中，我们用大无畏的勇气与自强不息的创新

精神，抓住了世界信息和电子技术大发展的机遇，后来居上，在更高的起点上自主创新，实现了跨越与追赶。

2012年6月24日，"蛟龙号"载人潜水器7000米海试在西太平洋马里亚纳海沟进行了第四次下潜试验。5时29分，潜水器开始注水下潜。9时7分，中国"蛟龙号"载人潜水器在三名潜航员的驾驶下，顺利达到西太平洋的马里亚纳海沟7020米深的海底，创造了中国载人深潜最新纪录。9时15分，坐底深度稳定在7020米。这是迄今为止人类向海洋进发所到达的最深处，而这个成就是中国人实现的，中国人的名字刻在了世界载人深潜的榜首上。

2011年7月，"蛟龙号"成功进行了5000米级海试，标志着中国深海载人技术已跨入国际第一梯队，步入国际先进行列。然而，5000米往下的挑战，每下潜1米，都是一种超越。

在"蛟龙号"诞生之前，世界上只有美国、日本、法国、俄罗斯4个国家拥有载人深潜器。这些国家的深潜器最大工

"蛟龙号"潜水器

作深度为 6500 米，而"蛟龙号"最大工作设计深度为 7000 米，它具备深海探矿、海底高精度地形测量、可疑物探测与捕获、深海生物考察等功能，理论上的工作范围可覆盖全球 99.8% 的海洋区域。

当天，"蛟龙号"潜航员在海底向"神舟九号"发讯问候："我们，叶聪、刘开周、杨波，祝愿景海鹏、刘旺、刘洋三位航天员与'天宫一号'对接顺利！祝愿我国载人航天、载人深潜事业取得辉煌成就。"

此时两者高差 350 千米。中国人能涉足的生物圈厚度在飞速增加。

10 年前，"蛟龙"工程蹒跚起步。10 年磨砺，"蛟龙"从 2.4 米的潜水器吃水深度一步步走来，直指超越所有对手的"7000 米"。以"严谨求实，团结协作，拼搏奉献，勇攀高峰"的中国载人深潜精神，创下世界载人深潜发展的"中国速度"。

"九天揽月"、"五洋捉鳖"，这不仅仅是毛泽东在诗词中描述的中华民族的豪迈情怀，更是中华民族伟大复兴中奋斗不息的宏伟目标。"神九"和"天宫"首次手动交会对接和"蛟龙"冲刺 7000 米同日取得成功，是让中国人感到自豪和骄傲的两件大喜事，也是我国科技事业发展历程中具有标志性意义的大事件。

我国机械制造行业曾深受大型铸锻件依赖进口之苦，国外企业借机提价，价格一涨再涨，交货期一拖再拖……即便买来图纸也造不出来，大型铸锻件"卡脖子之痛"是那个时期我国缺乏核心竞争力的一个缩影。在汽车制造领域，真正的国产轿车仅占 10%；在医药研发领域，97% 的化学药品为仿制药，医疗器械设备大量依赖进口……

如今，我国系统攻克了核电、水电、火电、船用柴油机等领域急需的一批大型铸锻件制造关键技术，形成了一系列重大产品，打破了国外垄断，初步实现了产业突围。

像大型铸锻件一样，我国很多高新技术领域经历了从一片空白到追赶跨越，直至在某些领域引领世界的发展历程。在中国从大国向强国迈进的道路上，科技创新无疑成为主要的推动力量。

在激烈的国际竞争中，真正的核心技术市场换不来、花钱买不到，只有拥有强大的自主创新能力，才能把国家未来发展的命脉牢牢掌握在自己手中。

2011年我国共授权发明专利17.2万件，其中企业的发明专利年度授权量更是迅猛增加。与此同时，我国的国际专利申请量已经世界排名第四位。这是我国增强自主创新能力、建设创新型国家的可喜成果。专利是体现国家自主创新能力的重要标志。5年来我国国内、国际专利迅速增加的背后，是企业自主创新能力和产业国际竞争力的大幅提升。

在科技第一生产力的支撑、引领下，企业创新能力和产业竞争力大幅提升：越来越多的企业成为技术研发、科技成果产业化的主体，企业的创新能力和产业竞争力明显提升。华为、中兴、海尔、联想、航天科技、航天科工、中联重工、三一重工、中芯国际等一批创新型企业脱颖而出，领跑"中国制造"向"中国智造"加速转变，"贴牌大国"向"品牌大国"稳步迈进。

2010年11月17日，"天河一号"以峰值速度每秒4700万亿次、持续速度每秒2566万亿次的优越性能，跃居世界超级计算机榜首，古老的"算盘王国"一举进入世界超级计算机先进国家行列。

2012年10月25日23时33分，我国第16颗北斗导航卫星在火箭的托举下呼啸升空。8年成功发射16颗"北斗星"，标志着我国北斗卫星区域导航系统建设全面完成，开启了中国卫星导航技术的新时代，意味着中国百姓离北斗导航时代越来越近，全世界近1/3人口有机会享受更加优质的导航服务。拥有完全自主知识产权的北斗卫星导航系统，是继美国GPS、俄罗斯"格洛纳兹"、欧洲"伽利略"之后，全球第四大卫星导航系统。这一系统曾在抗击雨雪冰冻灾害、抗震救灾、服务北京奥运会中发挥重要作用。

世界科技正处于新一轮革命的前夜。我国提出了到 2020 年进入创新型国家行列的奋斗目标。5 年来，一系列"国字号工程"自主创新成果向世人昭示：中华民族完全有能力在实现伟大复兴的征程上为人类作出更大贡献。

7. 维护世界的和平 是我们的光荣使命

2012 年 9 月 25 日上午，在新中国成立 63 周年之际，我国第一艘航空母舰"辽宁舰"在中国船舶重工集团公司大连造船厂正式交付海军。中共中央总书记、国家主席、中央军委主席胡锦涛出席交接入列仪式并登舰视察。中共中央政治局常委、国务院总理温家宝一同出席并宣读党中央、国务院、中央军委的贺电。

对中国人民而言，航母承载了太多期待，凝聚了一代代中华儿女对国家强盛、民族振兴的责任感、使命感和荣誉感。国防的巩固，是现代化建设的战略任务。"辽宁舰"入役，是中国综合国力提升的一个新起点，也标志着我国的国防和军队现代化建设进入了一个新的阶段。5 年来，一系列富有鲜明时代特征的强军治军方略推进了国防和军队现代化建设。

5 年来，世界很不太平，但中国的领土上没有战争。5 年间，不是没有人企图干涉中国内政、妄想冲击中国社会的安全稳定、试图侵犯中国领土完整等核心利益，但中国的发展与繁荣势如破竹，安全保障坚如磐石。

5 年来，在科学发展观的指引下，我国国防和军队现代化

胡锦涛出席"辽宁舰"
交接入列仪式并登舰
视察

建设的实践，不仅向世人宣告，中国人有智慧、有能力建设一支打得赢信息化战争的军队，而且在反复验证，中国的军事变革必将壮大维护世界和平的力量。

近年来，中国的新型武器装备大发展，为战斗力转型奠定物质基础。陆军：一批具备世界先进水平的新型坦克、战车、火炮装备部队；空军：国产第三代飞机批量入役，歼 –20 与歼 –31 两款最新型隐形战机相继试飞成功；一系列新型导弹进入战位，正在形成完整先进的作战体系；海军：三代舰艇、作战飞机陆续交付入役，先进信息装备得到深度应用，走向深蓝不再是梦；二炮：核常兼备、型号配套、射程衔接、打击效能多样的作战力量体系已经成型，反击作战能力震动世界。

全军基于信息系统集成的实战化训练取得丰硕成果。"跨越 2009"、"使命行动 2010"等大规模演习，以及基地化、模拟化、网络化、院校化的军事训练，不仅锤炼着部队的一体化作战能力，而且培养了大批宝贵的新型军事人才。

近 30 年来，世界各地战火不断，中国人民却享有着和平发展的难得机遇和环境。

浩瀚太空，"北斗"导航卫星巡弋，牵引地面千军万马；渤海之畔，"天河一号"超级计算机投入运行，服务用户量不断新增；川西深山，大型风洞群风吼雷鸣，打磨和锤炼着中国新型战机的翅膀；三军演兵，一体化指挥平台汇聚陆、海、空、天、电多维信息，"网聚三军"梦想成真……

创新推动转变，创新驱动发展。党的十七大以来，全军科技战线锐意创新，捷报频传，花开千树，硕果盈枝，为维护国家安全、建设创新型国家贡献着不可或缺的力量。

我军装备技术的每一次飞跃，既依赖于国家科学技术的发展，又推动着国家科学技术的创新。科技创新方兴未艾，三军部队脱胎换骨。

近年来，全军每年有上千项与信息化相关的高层次科研成果问世，以信息化为特征的国防专利比例已连续 6 年超过 50%，一大批信息化水平较高的新型作战平台、新型信息对抗装备的研发成功，极大地提高了国家的科学技术实力和科技创新能力。一批新型指挥控制、信息获取、预警探测和信息对抗装备列装部队。高度信息化的主战武器装备系统作为新型作战力量，成为我军新质战斗力生成的"增长点"。

近年来，我国航天事业的辉煌成就举世瞩目。"北斗"、"神舟"、"嫦娥"、"天宫"相继飞天，打破了国外的一系列技术封锁与垄断，使我国成为世界上第三个拥有自主卫星导航定位技术的国家；我军航天员操纵"神舟九号"与"天宫一号"上演"太空之吻"，标志着我国成为世界上第三个完整掌握空间交会对接技术的国家。

北斗系统及其相关技术的群体突破，尤其是上游芯片、电子地图、地理信息数据平台等领域掌控的核心技术，使我国迅速进入构建数字中国的关键期、测绘产品服务需求的旺盛期、地理信息产业发展的机遇期。基于这些条件，测绘地理信息已被列为我国七大战略性新兴产业之一。

作为中国军队科学与工程技术的最高学府，国防科技大学拥有一支一流的自主创新团队，他们坚持以国家和军队重大战略需求为牵引，把解决制约国家和军队现代化建设的重大现实问题作为自主创新的根本任务。于是，高性能计算、航天技术、基础软件技术、卫星导航定位技术、超精密加工技术、指挥自动化技术、光学工程、网络技术、磁浮交通技术等一大批核心关键技术在这里突破；"天河一号"超级计算机、麒麟操作系统、环形激光器、中低速磁浮列车等一大批代表中国和世界先进水平的科研成果在这里诞生。

21 世纪，非传统安全威胁令许多国家和军队如芒在背。从反击网络入侵到应对恐怖袭击、抵御跨大洋海盗袭扰，再到信息化条件下的灾害救援，每一项都对军队的一体化作战能力、超远程联合行动能力、跨文化协调能力，提出了新的挑战。

中国军队在运用所掌握的新型作战实力时，首先付诸实践的正是维护中国和世界非传统安全的正义事业。

"索马里"、"亚丁湾"，这两个几年前中国人还很少关注的地名，连同"反海盗"、"编队护航"一道，成为亿万中国民众耳熟能详的语汇。自 2008 年 12 月 26 日上午中国海军首批护航编队奔赴亚丁湾、索马里海域执行护航任务以来的近 4 年时间里，已先后派出 12 批护航编队交替执行任务，为我国航经亚丁湾、索马里海域的船舶和人员保驾护航，为世界粮食计划署等国际组织运送人道主义物资船舶的安全提供强有力的保障，展示了我军的过硬素质和良好形象。

目前，中国海军第十二批护航编队中的导弹护卫舰"益阳舰"、"常州舰"，综合补给舰"千岛湖舰"，以及特战队员数十名，任务官兵近800人正在护航途中。迄今为止，中国海军已4次为世界粮食计划署船舶护航。世界粮食计划署专门给护航编队发来电子邮件："感谢中国海军为运送国际人道主义援助物资船舶提供的周到服务。"

在亚丁湾，高扬五星红旗的中国海军护航舰艇已经成为世界了解中国和中国军队的一张靓丽名片。

历史昭昭，世人共知：中国自古以来是一个爱好和平的国家。中国的发展是和平力量的发展。早在600多年前，当世界其他国家还处在舟楫游弋时代时，拥有强大郑和编队的中国海上舰队从未对任何国家构成威胁，而是成为和平使者、友谊使者。"备战为止战，操戈为息武"作为千年古训深入人心。中国人民解放军所推进的战斗力生成模式转变，不仅弘扬了中华民族的优秀军事文化传统，而且展示了"坚持走和平发展道路"的坚定信念。随着这支和平之师遏制战争能力的强劲增长，邪恶势力动辄以战争威胁中国人民的历史已一去不复返，维护世界和平、促进共同发展的前景也越来越光明！

8. 中国声音，推动世界和谐

十七大以来，中国以开放促发展、促改革、促创新，中国元素传遍世界，引领潮流，显示了中国同世界关系历史性变化的升华和跨越。

中国企业越来越多地走出国门。目前，约有1.8万家中国企业在境外投资，足迹遍布世界各地。中国企业在拓展自身发展空间的同时，重视开展有利于不发达国家改善民生和增强自主发展能力的合作，承担社会责任，造福当地人民。中国企业同发达国家同台竞技。联想、海尔、华为、中兴等一大批中国科技企业登上了国际消费电子展、世界通信大会等知名品牌亮相的大舞台，竞逐新产品、新技术、新规则。中国产品的巨幅广告频频亮相国际大都市繁华街头。"中国企业时代正在到来。"纽约证券界出现如是评论。

中国游客越来越多地走出国门。就出境规模而言，目前中国已成为亚洲最大的出境旅游市场，中国公民自费旅游目的地国家和地区已有 141 个。中国出境旅游市场已经是美国出境旅游市场的 1.2 倍，是日本出境旅游市场的 3.5 倍。据世界旅游组织估算，到 2020 年，中国出境旅游人数将超过 1 亿人次。中国游客日益增长的强大购买力和强劲需求，给各国商家留下了不可磨灭的印象。有关统计显示，2012 年春节期间，中国人在境外消费累计达 72 亿美元，又创历史新高。英国媒体甚至基于"英镑"的概念创造了一个新名词——"北京镑"，即中国人所花的英镑。

中国文化越来越多地走出国门。随着中国综合国力的提升，中国文化的国际影响力也在提升。2012 年，海外"欢乐春节"项目的 320 多项各类文化活动，在全球 82 个国家和地区的 144 个城市举行，吸引了国外 40 多位总统、副总统、总理、议长、王室成员，500 多位内阁部长、省（市）长、议员等政要，1500 余家媒体，约 3000 万外国民众和华侨华人的热情参与。掌握汉语，在很多国家日益等同于抓住了就业机会；传播中国文化的海外机构更是红红火火。孔子学院已经在世界上 105 个国家和地区开设了 350 多所孔子学院和 500 多个孔子课堂，注册学员达到 50 多万人。中国在开罗、巴黎、首尔、柏林、东京等地建立的 9 家海外中国文化中心，成为广受当地人民欢迎、展示中国文化的窗口；驻泰国、俄罗斯、西班牙的文化中心近期也将陆续投入使用。

近年来，中国展现了人类发展史上的惊人速度和进度。

尽管国际风云依旧跌宕起伏，但是中国紧紧把握重要战略机遇期，始终朝着正确方向乘风破浪。5年间，中国同世界联系更紧密，中国国际地位和国际影响显著提升。

中国崛起的事实势必受到国际舆论密切关注。法国《世界报》在2011年欧债危机最严峻之际，罕见地推出98页的"中国世纪特刊"；英国《金融时报》专门选择在二十国集团领导人峰会前夕推出"中国特别报道"……传媒巨头默多克坦承："一份报纸希望在全球畅销最快捷的办法，就是把中国放在头版。"

世界在惊叹，中国崛起是"21世纪最激动人心的大事"！

中国站在战略和全局高度，高举和平、发展、合作的旗帜，积极引导国际体系变革，努力为全面建设小康社会营造良好国际环境。中国的发展是和平的发展、开放的发展、合作的发展、共赢的发展。中国特色和平发展战略目标是，为到2020年全面建成惠及十几亿人口的更高水平的小康社会，到21世纪中叶建成富强民主文明和谐的社会主义现代化国家，创造和平国际环境和有利外部条件，为世界和平和共同繁荣作出中国应有贡献。

世界越来越多地感知到中国的贡献：中国积极维护世界和平，促进共同发展；中国日益成为解决国际地区热点问题的建设性参与者，更是拉动世界经济增长的重要引擎。站在世界舞台的中央，中国已成为国际体系的重要参与者、建设者和贡献者。

胡锦涛在联合国成立60周年首脑会议上发表重要讲话时，系统阐述中国倡导"推动建设持久和平、共同繁荣的和谐世界"主张。和谐世界理念，大大拓展了既有国际关系理论的视野：政治上相互尊重、平等协商，共同推进国际关系民主化；经济上相互合作、优势互补，共同推动经济全球化朝着均衡、普惠、共赢方向发展；文化上相互借鉴、求同存异，尊重世界多样性，共同促进人类文明繁荣进步；安全上相互信任、加强合作，坚持用和平方式而不是战争手段解决国际争端，共同维护世界和平稳定；环保上相互帮助、协力推进，共同呵护人类赖以生存的地球家园。

和谐世界理念，在国际社会反响热烈。很多国际人士认为，这一理念基于人类根本的道德准则，有助于推动发展中国家增加话语权，对当今时代国际关系的发展演变具有重大现实指导意义。

中国以其坚定的行动在不断涌现的重大国际进程中把稳方向，发挥建设性作用，这是过去5年中国对外交往的突出亮点。

在世界的多元声音中，中国的声音很响亮。巴西前总统卢拉在出席伦敦峰会期间如是评价：胡锦涛主席每一次出席国际会议，都发挥了一个大国领导人的作用，为会议取得成果作出了积极贡献。美国总统奥巴马在出席洛斯卡沃斯峰会期间真诚表示，衷心感谢胡锦涛主席为发展美中合作伙伴关系以及在二十国集团内发挥的领导作用。

中国的和平发展，打破了"国强必霸"的大国崛起传统

联合国秘书长潘基文接见我国维和官兵

模式，在世界舞台上大展中国理念的魅力。"共同"和"携手"，作为中国领导人在世界舞台上倡导和平、发展、合作时使用频率极高的词汇，呼应了时代决定的国际合作大势：

——中国积极参与联合国维和行动，累计向联合国30项维和行动派出约2.1万人次维和官兵和军事观察员。成为派出维和人员最多的联合国安理会常任理事国。黎巴嫩东南部小镇希亚姆，联合国军事观察员哨所外不到200米处，被炸弹烧焦过的土地上，一块墓碑上镌刻着中国军人杜照宇的名字，也记载着中国维护世界和平的誓言。

——中国积极参与反恐、防扩散领域的国际合作，为打击海盗行为向亚丁湾、索马里海域派遣海军护航编队。

——中国是唯一公开承诺不首先使用核武器、不对无核武器国家和无核武器区使用或威胁使用核武器的核国家。

——中国是最早制定并实施《应对气候变化国家方案》的发展中国家，也是近年节能减排力度最大、新能源和可再生能源研发速度最快的国家之一。

——北京奥运会、上海世博会，两大盛会精彩纷呈，创造诸多世界之最，书就灿烂世界经典。

……

当前，包括中国在内的新兴市场国家和发展中国家，在国际事务中的地位和作用明显上升，成为应对金融危机、带动世界经济增长、完善全球经济治理、促进国际关系民主化的重要力量。

中国崛起，声势浩荡，然其路径和效应却完全区别于以往大国崛起曾给周边乃至世界带来的震荡。百年前，中国先贤如此寄语："中国如果强盛起来，我们不但是要恢复民族的地位，还要对于世界负一个大责任。"百年后，屹立于世界民族之林的中华民族为人类的共同发展作出了重要贡献。

中国牢记自身发展中国家的属性，牢记国际大家庭成员肩负扶贫济困的神圣责任。"中国愿同世界各国一道努力，使 21 世纪真正成为'人人享有发展的世纪'"；中国"在发展道路上仍然面临着许多困难和挑战，但我们将尽最大努力支持和帮助其他发展中国家加快发展"。

中国真诚地说，也实实在在地做。

中国认真落实联合国千年发展目标，成为全球唯一提前实现贫困人口减半国家。中国与联合国开发计划署共同发起成立了中国国际扶贫中心，在全球范围内分享中国减贫经验。

中国根据自身能力积极开展对外援助，遵循平等互利、不附带任何政治条件的对外援助原则，切实履行援助承诺的行动，在国际社会赢得了深厚友谊和广泛尊重。截至 2011 年年底，中国政府帮助受援国建成了 2200 多个与当地生产、生活息息相关的各类项目，改善了受援国基础设施状况，促进了当地经济社会发展。其中，中国对非洲直接投资存量超过 147 亿美元，中国在非洲的投资企业超过 2000 家。中国累计免除 50 个重债穷国和最不发达国家近 300 亿元人民币到期债务，承诺对同中国建交的最不发达国家 97% 的税目产品给予零关税待遇，为 173 个发展中国家和 13 个地区性国际组织培训各类人员 6 万多名，增强了受援国自主发展能力。

当中国真诚地同广大发展中国家携手共进的时候，当中国将和谐世界美好理想融入北京奥运会和上海世博会、拥抱世界的时候，当中国以"首先把国内的事情办好"的表率行动积极应对国际金融危机、成为世界经济复苏引擎的时候……中国的贡献，无可争议地汇入人类文明进步的灿烂星河。

继往开来的 5 年历程，昭示了中国坚定走和平发展道路取得的辉煌成就，也昭示了中国人民为人类文明进步作出贡献的真诚、信念和能力。中国向世界表明，一个改革开放的中国，一个繁荣发展的中国，一个和谐稳定的中国，必将为人类作出新的更大贡献。

三、荣耀属于中国

1. 北京奥运会：
"同一个世界，同一个梦想"

1892 年 11 月 25 日，顾拜旦男爵在巴黎索邦大学举行的庆祝法国田径运动联盟成立 5 周年大会上发表了一篇精彩演讲。他号召人们"坚持不懈地追求、实现一个以现代生活条件为基础的伟大而有益的事业"。这是一个宣言，这是一个梦想！

光阴流转，时间前行到 2001 年。在这一年，作为第 29 届夏季奥林匹克运动会举办城市，北京光荣地接过奥运五环旗。这座城市注定要为奥林匹克运动史筑起一座巍峨的丰碑。在这座丰碑上，大写着"同一个世界，同一个梦想"（One World，One Dream）！

我们清晰地记得，当萨马兰奇老人那定音之锤在莫斯科清朗敲响时，全中国那激动的泪水与欢腾，那满街招展的五星红旗与响彻云霄的欢呼，那无与伦比的民族自信心和幸福感。

历经百年沧桑，历经炮火洗礼和苦难的考验，中华民族充满自豪地屹立于世界民族之林。我们的国家，我们的民族在静悄悄地但是大踏步地开始复兴路上的新征程。

为了举办一届与众不同的奥运会，北京以举世皆知的中国速度，进行了数年认真、全面的准备与建设。对于一场世界级的体育盛会来说，这座城市的一切都是那么完美：

这座城市有着 3000 年的建城史、800 年的建都史，拥有不胜枚举的名胜古迹，其丰厚的文化底蕴令每一个来到这座古都的游人都流连忘返。

这座城市具有举办大型运动会的丰富经验。它曾成功举办了 1990 年第 11 届亚运会、1994 年第六届远南残运会以及 2001 年第 21 届世界大学生运动会。

这座城市设计、建设了一个美丽的奥林匹克公园，占地一千多公顷，其中包括那个为世人所知、可容纳九万人的精美绝伦、外形独特的主体育场——"鸟巢"。此外，还建设了众多的分项目体育场馆、舒适的运动员村和国际展览中心等，并且铺设了大面积的森林绿地。

这座城市政治稳定，社会和谐。在世界主要国家的首都城市中，是刑事犯罪率、交通死亡率、火灾发生率最低的城市之一，城市安全保障体系完全具备举办大型体育赛事的能力。

这座城市的通讯、交通、饭店及其他社会服务设施可谓世界一流，共有星级饭店三四百家，接待能力可达数十万人，当时首都机场的年客运量为三四千万人次，空中航线连接世界上任何一个通航的国家或多数大城市。服务人员的素质在世界上同样具有较高水准。

这座城市得到了中央政府的大力支持。2000 年 5 月，朱镕基总理表示：中国政府全力支持北京申奥，将从各个方面为北京申办工作创造良好的条件。人民的支持当然是必不可少的，据一家调查公司对北京市民进行的独立入户调查显示：95% 的市民支持北京申办 2008 年奥运会。还有无数的中国志愿者也热情期盼能够为奥运会服务，愿意为运动员和观众提供帮助。

一切都准备好了！时钟不急不缓地走到了 2008 年，那激动人心的时刻终于来到了！

8 月 8 日那个令人沉醉的夜晚，人们期盼已久的第 29 届奥林匹克运动会终于在北京召开了！

国家主席胡锦涛出席开幕式，庄严宣告奥运会开幕。

北京奥运会开幕式上
精彩的表演

在那一刹那，具有两千多年历史的奥林匹克运动与拥有五千年传承的中华文化交相辉映，共同谱写着人类文明的新华章。

在夜幕下，"鸟巢"上空华灯灿烂、流光溢彩，九万多人的体育场内座无虚席，群情激动。开幕式中，著名导演张艺谋为世界人民奉献了一场气势磅礴、精彩无比的开幕式。美轮美奂的开幕式在全世界范围内都创下了不可思议的收视佳绩。随着电视镜头的指引，全世界的观众看到象征着东方巨人的脚印，一步步地奔向了国家体育场……

此时此刻，作为中华民族的一份子，每个人都沉浸在一种自豪与幸福之中。坚忍不拔的中国人经历了年初的冰雪灾害和5月的汶川大地震，经历了三十年来改革开放的风风雨雨，经历了新中国六十年的建设与奋斗，经历了百余年复兴历程的不断探索。此刻，作为一个中国人，我们由衷地感到自豪！

中华民族百年奥运梦圆的时刻，就是一个古老国度由积贫积弱走向伟大复兴的时刻。经历了百年之旅的奥运会，在人类开启新世纪大门的时候，选择了东方的中国。

2008 年 8 月 8 日，当雄伟壮观的"鸟巢"燃起熊熊奥运圣火的时候，世界人民为之感叹。

北京奥运会共有 204 个国家和地区参赛，设有 28 个大项比赛，金牌总数 302 枚。

北京奥运会的口号是"同一个世界，同一个梦想"，可谓言简意赅：既是中国的，也是世界的。这表达了 13 亿中国人民为建立一个和平而美好的世界做出贡献的心声。

北京奥运会的会徽是"中国印·舞动的北京"。这个会徽是从 1985 件应征作品中精挑细选出来的。它将中国传统的印章、书法和奥运五环巧妙地结合起来，充满了中华文化的独特韵味，既深沉又有活力。

激动人心的比赛开始了！

在 16 天的奥运赛事中，来自 204 个国家和地区奥委会的

北京奥运会主场馆——鸟巢夜景

运动健儿们在光彩夺目的场馆里，弘扬奥林匹克精神，公平竞争，顽强拼搏，展示了高超的竞技水平和良好的竞赛风貌，创造了骄人的运动成绩，决出了302枚金牌，打破了38项世界纪录与85项奥运会纪录。

无数次，热情的观众为他们的精湛技艺而群起致敬；无数次，热爱他们的观众为他们的体育精神而赞叹；无数次，新的奥运明星诞生了，往日的奥运明星又一次带来惊喜。世界上所有热爱奥林匹克运动的人，在各地分享他们的欢笑和泪水，钦佩他们的才能与风采，并且长久铭记他们创造的辉煌成就。

天下没有不散的宴席，尽管所有的人都万分不舍，但是北京奥运会到了落幕的时候了。

在闭幕式上，国际奥委会主席雅克·罗格致辞："感谢中国人民，感谢所有出色的志愿者，感谢北京奥组委。通过本届奥运会，世界更多地了解了中国，中国更多地了解了世界。"

是的，开放的北京迎奥运，北京奥运会的大舞台超越了种族，超越了文化，超越了制度，不仅使中国张开臂膀去拥抱世界，更使中国敞开心扉容纳世界。中国以开放的心态和姿态向全世界展示着自己，展示着自己在这几十年中的不断努力，展示着自己对于所坚持道路的自信，展示着自己对于本国发展制度和发展理论的自信，更是一种面向全世界的开放，面向人类共同命运的关怀。

我们认识到只有坚持以经济建设为中心，以又好又快发展的眼光、思路解决前进中的问题，才是解决中国一切问题的关键，才能实现中国人民的雄心壮志；而只有坚持走中国特色社会主义道路，才能更好地实现华夏民族的伟大复兴。

2. 上海世博会：
"城市，让生活更美好"

世界博览会（World Exhibition or Exposition，简称世博会）又称国际博览会。1851 年，英国伦敦举行了第一次世界博览会，当时也有中国人带着自己不多的展品参加了这次世界博览会。世博会是一个富有特色的舞台，它鼓励全世界的人发挥创造性和主动参与性。这个舞台有助于将不同民族探索出来的新概念、新观念、新技术以及世界各民族、各个国家的优秀文明成果展现在世人面前。因此，世博会被誉为世界经济、科技、文化的"奥林匹克"盛会。

2002 年 1 月 30 日，中国政府向国际展览局递交举办 2010 年上海世博会的申办报告。2002 年 12 月 3 日，经国际展览局大会投票表决，中国获得 2010 年世博会举办权。中国获得这次世博会的举办权，无疑就是获得一次展示本国悠久历史文化和发展成果的良好机会；同时，世界各国也将在上海找到一个展示本国文明与成果的巨大舞台。全世界的人们都对这次盛会翘首以待。

为了这次空前的盛会，上海进行了全方位的准备工作。单从总投资来说，上海世博会财政总预算高达三四千亿元人民币，世博会直接投资为二三百亿元。如此大的规模，创造了世界博览会史上投资的最新纪录。

为了方便世界各地的游客参观世博会，上海市政府加大力度，全面完善了道路、交通、电信、供电、供水等基础设施，确保世博会展览期间海量的外来游客对住宿、饮食、交通、通信等方面的需求，并投入巨资继续开发浦东、改造旧城区，使城市面貌焕然一新。大规模的基础设施建设使上海城市建

灯火辉煌的中国馆

设的步伐加快了 10 年。

为了搭建一个宽敞的大舞台，上海市拨出了专门的地块用以建设世博会园区。这片坐落在市中心黄浦江两岸、南浦大桥和卢浦大桥之间的滨江地区，占地 5.29 平方公里。这在世界其他国家是很难办到的。

为了给世界各地的人民提供周到的服务，上海世博会的志愿者人数空前，仅园区内的志愿者就约八万名。因此，上海世博会被世界纪录协会评选为世界上志愿者人数最多的世博会。

…… ……

所有该做的都已经做好了，大舞台即将拉开帷幕！

2010 年 5 月 1 日，在"城市，让生活更美好"（Better

City, Better Life）这一主题精神的指引下，上海世博会开幕了！

在此后 184 天的时间里，246 个国家和国际组织参与展览，超过 7300 万观众入园参观。这次世博会成为世界上参加国家和组织最多的世博会。

这是一个让所有观众"眼花缭乱，丰富多彩"的巨型陈列会。在所有的展馆中，中国馆当之无愧是最受欢迎的展馆。世博会开园的第一天，就接待了游客三万余人。中国馆展馆建筑以"东方之冠，鼎盛中华，天下粮仓，富庶百姓"的构思为主题，完美地展现了华夏五千年文明的精神与气质，成为中国这个文明古国在 2010 年世博会上的"国家名片"。

外国展馆中参观人数最多的包括瑞士、法国、德国、西班牙、日本、意大利、沙特阿拉伯、英国、韩国、美国等国的展馆。这些展馆以奇妙的外形、精巧的装饰、巧夺天工的设计，给前来参观的人们带来无尽的惊喜。这些展馆，每一个、每一处都是独一无二的，每一个国家、每一个城市都力求将自己的文化、风格淋漓尽致地展现出来，所有参观过的人无不为之感叹。

上海世博会场馆鸟瞰

世界博览会是人类文明的陈列场，是充分展示各种新思想、新科技、新理念的盛会，也是多元文化跨国界交流的平台。在上海世博会上，各参展国家的展馆及其展示，都是各国历史和文化的缩影。其间的两万场文化演艺活动，更是将许多参展国的文化特色活色生香地展现在世人面前。通过建筑、音乐、戏曲、舞蹈等人类共同的语言，世界文明的精髓在相互交流、碰撞甚至在摩擦中得以延绵。

此次世博会不仅全面提升了中国的文化"软实力"；同时，也为中华文化与世界多元文化的交融提供了一个重要的平台。

精彩与华丽，延续了 184 个日子。一场盛宴已毕，是说"再见"的时候了。

2010 年 10 月 31 日，上海世界博览会闭幕式在上海世博文化中心隆重举行。中国人兑现了"办一届成功、精彩、难忘的世博会"的庄严承诺。上海世博会举办的过程就是中国这个古老的东方国度以现代、开放的胸怀面向世界的真实写照。

事实证明，国家强大才能使文化强大，国家强大才能使民族强大。中国共产党领导中国人民实现了民族独立；在经济建设的道路上，领导国家越走越强。中国希望世界了解中国，中国更欢迎世界了解中国。一个自信自强的中国屹立于世界的东方，向全世界展示着自己的发展，毫不避讳自己的短处和不足，毫不掩盖自己的缺憾，平和地向世人展示着自己最美的一面和不足的一面。这是一种成熟开放的心态，展示着我们民族强大的内心与自信。

3. 改革开放 30 年： 这是一个急起直追的中国！

中国人总是喜欢回顾往昔，中国人也总是喜欢远瞻未来。

回顾往昔是为了纪念，是为了经验教训；远瞻未来是为了发展，是为了子孙的千秋大业。

2008 年，注定是中国历史上一个重要的节点，这个节点在中国历史上注定要浓墨重彩地予以书写和记载。

当时间指向这一年的时候，相较 30 年前，中国已经发生了翻天覆地的变化：城乡曾经的老房子已成为珍贵的历史遗迹，一幢幢新式居民楼反映了人民生活的红火；徒步行走的人越来越少，各种品牌的汽车和摩托车遍布大街小巷；具有鲜明时代特色的传统蓝灰服饰近乎绝迹，取而代之的是各种风格、汇聚中西的大小品牌和样式；标有"中国制造"的产品早已行销世界各地；我国的年均 GDP 增长率达到令世界瞩目的 9% 以上；中国的外汇储备因海外市场的大力开拓，现在已位居世界第一；驻足中国的各大城市，不难发现世界各地游人学子的身影……这是一个外向型的中国，这也是个富足的中国。

一切是如何发生的呢？我们不妨稍微放慢脚步，看看前人们走过的不平凡的路。

"文化大革命"结束时，正如邓小平说的："就整个政治局面来说，是一个混乱状态；就整个经济情况来说，实际上是处于缓慢发展和停滞状态。"数字最能说明问题：1976 年全国财政收入只有区区 750 亿元。据不完全统计，10 年"文化大革命"使工农业生产总值损失 5000 多亿元，整个国民经济濒临崩溃的边缘。

变革总是从苦难和困境中开始。1978 年，以中共十一届三中全会为标志，共和国作出了决定国家前途命运的关键抉择，中国人开始沿着世界先进国家的脚印急起直追。

改革开放大幕从此拉开！

30 年的改革开放，被称为"中国新的革命"。这场世人瞩目的革命，激发了各行各业的活力，使中国的社会生产力不断得到发展，改变了"穷的社会主义"。一代又一代中国人梦寐以求的中华民族的伟大复兴，正从改革开放中变为现实。正是经过了不懈的努力和变革，我们这个国家才能出现"非同一般的情形"。

经过 30 年的努力，我们已经取得了巨大的成就。以公有制为主体、多种所有制经济共同发展的基本经济制度已经确立，社会主义市场经济体制初步建立，资源配置也由以行政分配为主过渡到以市场发挥基础性作用的模式。

经过 30 年的艰苦努力，在党的领导下，我们的经济建设取得了举世瞩目的成就。国内生产总值从 3645 亿元增长到300670 亿元，相比 30 年前增长了 80 多倍。中国的经济成就在世界历史上书写了辉煌的一页。

农村经济体制改革不断深入，2005 年，全国 28 省全面免征农业税，从 2006 年开始，全面取消农业税。国企改革不断取得突破性进展，逐步确立了符合社会主义市场经济的现代企业制度框架。放宽了市场准入标准，加大了财税金融支持，完善了社会服务，改进了政府监管。准许非公有制资本进入民航、铁路、文化、出版和金融等重要领域，实现了重大跨越。

收入分配和社会保障制度日臻完善。我们从改革初期只承认劳动创造价值、只允许劳动参与价值分配，到现在已经建立了允许资本、技术专利和管理等非劳动因素参与分配，形成了以按劳分配与按生产要素分配相结合的机制。尤其是近几年，党和政府还整顿和规范了分配秩序，加大了收入分配的调节力度，重视并着力解决部分社会成员收入差距过大的问题。

改革开放 30 年，我国的社会保障制度得以完善和发展，已经初步建立了以城镇职工基本养老、医疗、失业保险为主要内容的社会保障体系，推进了农村基层保险制度的建立与发展。

改革开放的 30 年，是中国教育事业稳步发展的 30 年。到 2007 年，也就是改革开放 30 周年之前的那一年，中国普通高校招生报名人数达到了 1010 万，录取新生达到 567 万，

复兴之路
荣耀属于中国

并且有越来越多的中华儿女在世界顶尖学校就读，中国人在世界精英人才中的比重越来越大。

改革开放的 30 年，是中国科学技术攀登高峰的 30 年。从 1979 年中国的远程火箭发射试验成功，到我国的探月卫星"嫦娥一号"发射升空，30 年间我们完成了中华民族几千年的夙愿。

改革开放的 30 年，更是中国走向强大的 30 年。从近海海军开始向蓝海海军转变，亚丁湾护航显示着中国和平崛起的姿态。

中国的体育军团更是让人感到自豪，从 1984 年许海峰第一块金牌的入账，到 2008 年中国北京奥运会，我们不但让百年奥运来到了中华大地，更在这一届奥运会上获得了 51 枚金牌，成功稳居金牌榜第一位。

在这 30 年中，中国共产党人更是奋发图强，不断地通过实践完善自己的执政能力和指导思想。从邓小平理论的提出到写入党章，从"三个代表"重要思想的形成到科学发展观的提出，中国共产党人的理论发展走出了自己的特色，执政理念不断丰富，中国特色社会主义建设取得了巨大成就，社会生产力得到了空前发展，人们的物质生活水平得到了极大丰富。

急起直追、迅速崛起的中国让整个世界为之震撼——"不可思议"、"中国奇迹"等感叹词语成为世界使用最频繁的词语。在世界"热议"的背后，中国发生了什么？怎么发生的？为什么会发生？这些问题不仅吸引了亚洲，而且也吸引了世界的目光。

其实，道理就是那么浅显，经验就是那么实用：中国改革开放 30 年的成功表明，只有坚持改革开放，坚持科学发展，坚持走中国特色社会主义道路，才能够取得如此巨大的经济、社会进步。

从艰难的 1978 年到春光明媚的 2008 年，这 30 年的历史，是国家综合国力从"濒于崩溃边缘"到"当惊世界殊"的历史；是通过一次次思想解放大讨论、破除各种思想束缚、寻找和遵循社会发展规律的历史；是改革不适合现代化发展要求的体制机制、建立现代国家发展模式的历史；是"放眼向洋看世界"对外开放、加大国际合作、逐渐融入世界的历史；更是探求"以人为本"、弘扬人的价值、保护私产、保障自由、彰显权益的历史，因而也是全体人民共同创造的历史。

4. 一个甲子的轮回，世界再次聚焦长安街

2009年10月1日，北京长安街吸引了全世界的目光。这一天，中国人在这里以盛大的庆典和阅兵式为祖国庆祝了她60岁的华诞。

60年前，长安街也曾经历过万众瞩目的时刻。在天安门城楼上，毛泽东主席代表全体中国人向全世界宣布：中华人民共和国中央人民政府今天成立了。中国以及中国人的命运从此发生了翻天覆地的变化。当时，这个新生的政权迎来的不仅有国人和国际友人热情扬溢的赞颂和期许，还有国际上或审视或怀疑的目光。

1949年10月3日的英国《泰晤士报》刊登了香港地区记者来自北京的报道：

> 约二百万人聚集在一起收听这个历史性的宣告，所有人的目光都聚集在毛泽东升起的那面新中国的标志——五星红旗上，乐队演奏新国歌《义勇军进行曲》。其后，举行游行仪式。军队接受朱德将军的检阅，编队经过天安门，有的配备最新的美国大炮、坦克以及从国民党手中缴获的装甲车。共产党空军轰炸机编队飞行，烟花爆竹和其他游

国庆 60 周年大阅兵

行活动直至深夜。

这是一篇较为客观的报道，它记录下新中国开国庆典阅兵式中各种军事装备颇为怪异的组合，那也正是中国共产党领导中国人民在一穷二白的基础上开始新中国建设的一个缩影。

60 年一个甲子，天安门城楼也见证了中国一步步走向繁荣富强的历程；60 声礼炮铭记了共和国 60 年迈出的坚定脚步。新中国成立 60 年后，当天安门前再次走过阅兵式的仪仗队和参加庆典的人群时，它从世界各地吸引过来的目光已发生了巨大的变化：

美国《国际先驱论坛报》："10 月 1 日是中国自豪的一天。当问北京居民他们为何爱自己的国家时，他们提到了经济实力和国际地位上升、中国五千年历史、富有活力的文化和民族团结。"

加拿大《多伦多星报》："庆祝游行让人民看到了中国在社会和科学技术方面取得的进步。这样的庆祝活动将鼓舞中国人民的士气。"

路透社："阅兵仪式对许许多多中国人来说是十分自豪的时刻，各地的人们都通过电视观看这一规模宏大的仪式。"

韩国联合通讯社："中国迎接建国60周年，展现中华民族伟大复兴。中国此次公开展示了大量最新型武器，展现了中国经济和科技的发展。"

一个甲子的轮回，对新中国而言并不是简单的时代更替，物转星移间，中国已从一个积贫积弱、任人欺凌的半封建半殖民地国家化身为世界第二大经济体。在国内，中国共产党的领导集体正带领中国人民为中华民族的伟大复兴而不断奋斗；在国际上，中国越来越担当起一个负责任的大国的角色，在各种国际事务中发挥重要作用，努力构建一个和谐的世界。

60年，弹指一挥间，中华大地上创造了一个又一个传奇，中国从一个百废待兴的半殖民地半封建国家的根基上站起，完成了从山河破碎到团结统一、从受人欺凌到备受尊重、从贫穷落后到繁荣昌盛的非凡历程。

新中国成立60年来，中国的经济建设、政治建设、文化建设和社会建设，乃至于生态文明建设和党的建设等各方面都取得了巨大的进步，各项事业蓬勃发展，蒸蒸日上。中国的经济实力在60年间得到了大幅度提升，尤其自改革开放以来，人民生活水平得到显著提高，社会建设全面开展，国防和军队建设取得了历史性成就，而且还实现了香港、澳门的回归，祖国和平统一事业迈出了重大步伐。

新中国用短短60年时间走完了西方发达国家几百年要走的路，谱写出一篇篇举世瞩目的华章，这与一代代共产党人的辛苦努力和默默奉献是分不开的。这60年，有摸索也有困惑，有成就也有曲折，但中国人从来没有放弃中国特色社会主义道路，没有放弃矢志不渝地谋求国家富强和人民幸福的努力。60年一个甲子，当世界的目光再次聚焦在长安街上，在历史的演进中，作为华夏的子孙，我们不仅看到了自己民族奋争的历程，也看到了它必将复兴的光辉前景。

5. 九十周年：
回首中共的光荣之路

2011 年，中国的屏幕上出现了一部星光闪耀的电影——《建党伟业》，这是中国文化界为庆祝中国共产党成立 90 周年的献礼之一。

2011 年的中国大地，四处洋溢着欢快的气息。在走过了 2008 年的自然灾害，经历了北京奥运会的激情，承受了来自大洋彼岸的金融危机冲击，庆祝了新中国 60 周年华诞之后，我们迎来了中华民族的又一个伟大的时刻——中国共产党成立 90 周年。

90 年前，嘉兴南湖的游船上，诞生了伟大的中国共产党。90 年来，中国共产党从小到大，从弱到强，从幼稚到成熟，不断发展壮大，从建党之初的五十几名党员，逐步发展成为执政六十多年、拥有七千八百余万名党员的大党。

这 90 年，中国共产党领导我们完成了新民主主义革命的任务，实现了民族独立和人民解放，成立了中华人民共和国。从此，中国人民站起来了，中华民族以崭新的姿态站立在世界的前列。

这 90 年，是中国共产党把马克思列宁主义同中国实践相结合而不断追求真理、开拓创新的 90 年，是为民族解放、国家富强和人民幸福而不断艰苦奋斗、奋发图强的 90 年，是为完成肩负的历史使命而不断经受考验、发展壮大的 90 年。

面对全世界，中国共产党用成绩赢得了世界的尊重。在西方人的眼中，一党执政的国家是封闭的，而中国则在中国共产党的领导下，创造性地发展了民主协商制度，发展了中国特色的基层民主和党内民主制度。中国共产党更是用经济发展、人民生活水平提高的成绩向世界证明了中国特色社会主义道路的正确性。

回首 90 年，我们可以以 30 年为单位来回顾。

中国共产党成立后的第一个 30 年，是党领导中国人民走向独立自由的 30 年。在这 30 年中，中国共产党从成立到成长，领导中国人民战胜了日本帝国主义的侵略，实现了人民的解放，建立了新中国。

中国共产党成立后的第二个 30 年，是党领导全国人民艰苦奋斗的 30 年。在这 30 年中，党领导人民在一片荒芜上建立了秀美中华，创造了中国历史上众多的第一：炼出第一炉钢，采出第一桶油，生产出第一辆汽车、第一架飞机，乃至于原子弹、氢弹的胜利爆破和卫星的成功发射……

中国共产党成立后的第三个 30 年，是中国经济腾飞的 30 年。从 1978 中国改革开放政策实施以来，中国经济释放出巨大的生产力，经济发展速度一直高于世界平均增长水平。到 2010 年，中国经济超越日本，经济总量居世界第二位，为这 30 多年的奋斗交出了一张优秀的成绩单。这 30 多年中，我们的社会也经历的巨大的变革，我们取消了农业税，建立了全面的社会保障体系，推进了教育制度改革，实现了军事和科技的飞速发展。

回首 90 年的历程，中华民族从积贫积弱走到今日的富强，每一个重要历史关头，都离不开党的正确引领。我们今日的成绩，无不是过去努力的积淀。从十月革命送来的马列主义，到毛泽东思想引领独立自主，到邓小平理论实现强国梦，到"三个代表"重要思想和科学发展观，中国共产党人用自己的行动实现了当初的承诺，富强已经不再是一个遥远的梦，全面建成小康社会的目标在不远的前方，而现在正是我们奋发努力把党的事业和民族的未来推向前进的奋斗之时！

四、盛世书华章

　　2012 年 11 月 8 日至 14 日，举世瞩目的中国共产党第十八次全国代表大会在北京召开。这是在我国进入全面建成小康社会决定性阶段召开的一次十分重要的大会，承载着亿万人民的期待、肩负着时代赋予的使命。

　　大会批准了胡锦涛同志代表第十七届中央委员会所作的报告，批准了中央纪律检查委员会工作报告，审议通过了《中国共产党章程（修正案）》，选举产生了第十八届中央委员会和中央纪律检查委员会。党的十八届一中全会选举产生了中央政治局、中央政治局常务委员会和中央委员会总书记。党的领导机构顺利完成了新老交替。

1. 十八大盛会：
世界目光汇聚北京

在短短一周时间里，党的十八大代表审议报告、酝酿人事、建言献策、勾画蓝图，将履职进行到底。集中讨论、记者见面、网络答问……每一个会场，都能看到梦想与使命的交织、责任和情怀的碰撞；真诚开放、平等交流、高效务实……每一个关键词都彰显出成熟与自信，奏响时代精神的最强音。

党的十八大是一次高举旗帜的大会、继往开来的大会、团结奋进的大会。它肩负着全国各族人民的信任和期待，凝聚亿万人民的智慧和力量，开启了全面建成小康社会的新的伟大进程，开启了共创中国人民和中华民族更加幸福美好未来的崭新征程。

中国特色社会主义是当代中国发展进步的根本方向，只有中国特色社会主义才能发展中国。十八大发出了夺取中国特色社会主义新胜利的伟大号召，强调全面建成小康社会、加快推进社会主义现代化、实现中华民族伟大复兴，必须坚定不移走中国特色社会主义道路。建设中国特色社会主义，总依据是社会主义初级阶段，总布局是五位一体，总任务是实现社会主义现代化和中华民族伟大复兴。

十八大高举旗帜、凝聚人心，聚焦国内外形势、关注国计民生，对于时代发展的新目标作出了全面部署，对于全国人民的新期待作出了明确回答。这次大会提出了实现全面建成小康社会和全面深化改革开放的目标，对推进经济建设、政治建设、文化建设、社会建设、生态文明建设和全面提高党的建设科学化水平，作出了全面部署。这一宏伟目标和全面部署，是改善人民生活、增进人民福祉的宣言书，是鼓舞人心、催人奋进的动员令，对于凝聚全党全国人民共同创造我们的幸福生活和美好未来具有十分重要的意义。

党的十八大召开，世界的目光不约而同聚焦北京。参与报道这次会议的中外记者人数达到了 2700 多人，其中外国记者和港澳台记者 1700 多人，超过 5 年前采访十七大时的境外记者人数。他们从不同的视角审视着这个正在进行的历史性盛会。参与报道大会的记者人数超过代表人数，参与报道大会的境外记者人数超过境内记者人数，两个"超过"体现着中国共产党的开明开放，也表明了世界对中国的关注。

国际舆论对中国共产党的这次盛会予以密切关注和高度评价，普遍认为中国共产党将带领中国人民把国家建设得更加富强。

德国《明镜》周刊网站发表题为《中国正位于从世界工厂走向工业强国的十字路口》的长篇报道，认为中国正处于一个关键时期，中国"向何处去"对德国乃至全球企业至关重要。德国《世界报》说，中共十八大的召开是指明国际政治走向的一件大事。

俄新社对会议进程进行了回顾，称中国的社会主义道路不会改变，已经确立了下一个时期社会主义的建设方针。俄新社政治观察员柯西廖夫表示，中国以及她的一举一动对世界来说都将越来越重要，十八大的召开，团结起了一个拥有 13 亿人民的国家。俄塔社说，中国在 2002 年还是世界第六大经济体，如今已是仅次于美国的第二大经济体。而这些还远非中国经济的全部成就。《俄罗斯报》报道称，中共十八大不仅将决定未来中国的命运，而且将对世界产生深远的影响。

英国各大媒体纷纷发布消息及评论。《每日电讯报》的报道特别指出，十八大把治理环境问题提到了一个空前的高度，修改后的党章增加了促进生态文明发展的内容；科学发展观被写入党章，同马克思列宁主义、毛泽东思想、邓小平理论、"三个代表"重要思想一道被确立为中国共产党的行动指南。路透社的报道说，十八大通过了胡锦涛的工作报告，修改了党章，为中国指明了前进的道路和方向。英国广播公司网站一篇文章写道："世界正越来越多地被中国改变。如果说在过去两个世纪，世界看西方；那么将来会呈现的是，世界看东方。"

塞尔维亚《政治报》和"塞尔维亚新闻网"均以大篇幅报道中共十八大后的中国改革趋向。《政治报》在评论中称，中国由经济改革到未来的政治改革都会沿着符合中国国情的路子走，不会照搬西方模式。中共十八大为中国今后改革定位，再次肯定了党的民主集中制，这是中国共产党在管理这个世界上人口最多的国家时的必然选择。

泰国多家媒体持续关注中共十八大。《民意报》和《经理人报》发表文章认为，十八大不仅关系到十几亿中国民众的未来，还将对整个世界产生重要影响。《泰叻报》认为，十八大向外界传达出了中共将坚定不移地推进中国特色社会主义建设，进一步贯彻透明、民主、和平的执政理念。《曼谷邮报》在其网络版的突出位置报道了中共十八大闭幕的消息。泰国《世界日报》在题为《中国与亚太经济发展的新起步》的社论中说，中国新领导人如何在前任所奠定的牢固基础上，有更上一层楼的表现，将是举世瞩目的焦点。

法国《费加罗报》在中共十八大闭幕之际，在言论版刊登了两篇文章，分别从经济与政治方面阐述了未来中国领导人面对的挑战。

菲律宾所有网络媒体均在第一时间报道了中共领导人换届的情况。菲最大报纸之一《菲律宾星报》总编、资深媒体人安娜·帕敏图安女士表示，中国新一代领导人向世界发出最强音，在未来 10 年，中国是维护世界和平和繁荣的重要力量！菲华文媒体《世界日报》发表题为《美丽的愿景一定能够实现》的社论，祝贺中共十八大胜利闭幕。社论指出，新一代的领导集体有能力带领中国人民奔向小康，把中国建成一个美丽、富强的国家！

美联社报道说，中国政府主导的经济增长模式让数亿人摆脱了贫困，让中国成为世界经济大国。《华盛顿邮报》报道称，十八大报告中谈到反腐败问题的时候使用了严厉的措辞，并强调了在党内加强纪检制度的重要性。

此外，印度、墨西哥、意大利、比利时等国的主流媒体或研究人员也都纷纷对中共十八大予以关注并作出分析评价。

国际媒体聚焦中共十八大，因为中国的变化发展与世界息息相关。在大变革大调整的时代，国际社会期盼：中国将成为世界经济新的希望与信心，为全球发展提供新的思路与动力。

党的十八大为夺取中国特色社会主义新胜利展现了更加广阔的前景，为社会主义现代化和中华民族的伟大复兴展现了更加壮丽的前景，为中国人民和中华民族的美好未来展现了更加灿烂的前景。

伟大旗帜是共同理想的火炬，引领中国发展进步；正确道路是昭示未来的坐标，凝聚团结奋进力量。中国共产党的历史掀开新的篇章，中国特色社会主义踏上新的征程，中华民族伟大复兴展现出光明前景。中国，再一次从这里出发！

2. 大会报告：催人奋进，充满希望

2012 年 11 月 8 日，举世瞩目的中国共产党第十八次全国代表大会隆重开幕。大会的主题是：高举中国特色社会主义伟大旗帜，以邓小平理论、"三个代表"重要思想、科学发展观为指导，解放思想，改革开放，凝聚力量，攻坚克难，

坚定不移沿着中国特色社会主义道路前进，为全面建成小康社会而奋斗。

胡锦涛代表第十七届中央委员会向大会作了题为《坚定不移沿着中国特色社会主义道路前进　为全面建成小康社会而奋斗》的报告。

报告旗帜鲜明、思想深刻、求真务实，描绘了全面建成小康社会、加快推进社会主义现代化的宏伟蓝图，为党和国家事业进一步发展指明了方向，是我们党团结带领全国各族人民夺取中国特色社会主义新胜利的政治宣言和行动指南，是马克思主义的纲领性文献。

催人奋进的报告，让全场多次响起热烈的掌声。

胡锦涛代表第十七届中央委员会向大会作的报告分为12个部分：

一、过去五年的工作和十年的基本总结；二、夺取中国特色社会主义新胜利；三、全面建成小康社会和全面深化改革开放的目标；四、加快完善社会主义市场经济体制和加快转变经济发展方式；五、坚持走中国特色社会主义政治发展道路和推进政治体制改革；六、扎实推进社会主义文化强国建设；七、在改善民生和创新管理中加强社会建设；八、大力推进生态文明建设；九、加快推进国防和军队现代化；十、丰富"一国两制"实践和推进祖国统一；十一、继续促进人类和平与发展的崇高事业；十二、全面提高党的建设科学化水平。

十八大报告指出，十七大以来的五年，各方面工作都取得新的重大成就，经济平稳较快发展，改革开放取得重大进展，人民生活水平显著提高，民主法制建设迈出新步伐，文化建设迈上新台阶，社会建设取得新进步，国防和军队建设开创新局面，港澳台工作进一步加强，外交工作取得新成就，党的建设全面加强。同时，必须清醒看到，我们工作中还存在许多不足，前进道路上还有不少困难和问题。

在总结 10 年工作时，十八大报告强调，我们紧紧抓住和用好我国发展的重要战略机遇期，战胜一系列重大挑战，奋力把中国特色社会主义推进到新的发展阶段，为全面建成小康社会打下了坚实基础。总结 10 年奋斗历程，最重要的就是我们坚持以马克思列宁主义、毛泽东思想、邓小平理论、"三个代表"重要思想为指导，勇于推进实践基础上的理论创新，围绕坚持和发展中国特色社会主义提出一系列紧密相连、相互贯通的新思想、新观点、新论断，形成和贯彻了科学发展观。面向未来，必须把科学发展观贯彻到我国现代化建设全过程、体现到党的建设各方面。

十八大报告指出，道路关乎党的命脉，关乎国家前途、民族命运、人民幸福。在改革开放 30 多年一以贯之的接力探索中，我们坚定不移高举中国特色社会主义伟大旗帜，既不走封闭僵化的老路，也不走改旗易帜的邪路。

十八大报告强调，建设中国特色社会主义，总依据是社会主义初级阶段，总布局是五位一体，总任务是实现社会主义现代化和中华民族伟大复兴。在新的历史条件下夺取中国特色社会主义新胜利，必须坚持人民主体地位，必须坚持解放和发展社会生产力，必须坚持推进改革开放，必须坚持维护社会公平正义，必须坚持走共同富裕道路，必须坚持促进社会和谐，必须坚持和平发展，必须坚持党的领导。

在谈到全面建成小康社会和全面深化改革开放的目标时，十八大报告指出，综观国际国内大势，我国发展仍处于可以大有作为的重要战略机遇期。我们要确保到 2020 年实现全面建成小康社会宏伟目标。要在十六大、十七大确立的全面建设小康社会目标的基础上努力实现新的要求，主要目标是：经济持续健康发展，转变经济发展方式取得重大进展，实现国内生产总值和城乡居民人均收入比 2010 年翻一番；人民民主不断扩大；文化软实力显著增强；人民生活水平全面提高；资源节约型、环境友好型社会建设取得重大进展。全面建成小康社会，必须以更大的政治勇气和智慧，不失时机深化重要领域改革，坚决破除一切妨碍科学发展的思想观念和体制机制弊端，构建系统完备、科学规范、运行有效的制度体系，使各方面制度更加成熟更加定型。

十八大报告指出，要加快完善社会主义市场经济体制和加快转变经济发展方式。第一，全面深化经济体制改革。第二，实施创新驱动发展战略。第三，推进经济结构战略性调整。第四，推动城乡发展一体化。第五，全面提高开放型经济水平。

十八大报告强调，要坚持走中国特色社会主义政治发展道路和推进政治体制改革。要把制度建设摆在突出位置，充分发挥我国社会主义政治制度优越性。推进政治建设和政治体制改革要抓好以下重要任务：一是要支持和保证人民通过人民代表大会行使国家权力。二是要健全社会主义协商民主制度。三是要完善基层民主制度。四是要全面推进依法治国。五是要深化行政体制改革。六是要健全权力运行制约和监督体系。七是要巩固和发展最广泛的爱国统一战线。

十八大报告指出，要扎实推进社会主义文化强国建设。加强社会主义核心价值体系建设，全面提高公民道德素质，丰富人民精神文化生活，增强文化整体实力和竞争力。

十八大报告提出，在改善民生和创新管理中加强社会建设。加强社会建设，必须以保障和改善民生为重点，必须加快推进社会体制改革。这方面的重要任务包括：努力办好人民满意的教育，推动实现更高质量的就业，千方百计增加居民收入，统筹推进城乡社会保障体系建设，提高人民健康水平，加强和创新社会管理。

十八大报告强调，必须把生态文明建设放在突出地位，当前和今后一个时期，要重点抓好以下四个方面的工作：一是要优化国土空间开发格局。二是要全面促进资源节约。三是要加大自然生态系统和环境保护力度。四是要加强生态文明制度建设。

十八大报告指出，要全面加强军队革命化现代化正规化建设。积极稳妥进行国防和军队改革，推动中国特色军事变革深入发展。中国奉行防御性的国防政策，加强国防建设的目的是维护国家主权、安全、领土完整，保障国家和平发展。

十八大报告指出，要丰富"一国两制"实践和推进祖国统一。中央政府将严格依照基本法办事，坚定支持特别行政区行政长官和政府依法施政。必须坚持"和平统一、一国两制"方针，为和平统一创造更充分的条件。我们要始终坚持一个中国原则，坚决反对"台独"分裂图谋。

十八大报告强调，要继续促进人类和平与发展的崇高事业。在国际关系中弘扬平等互信、包容互鉴、合作共赢的精神，共同维护国际公平正义。

十八大报告指出，要全面提高党的建设科学化水平。全党要牢牢把握加强党的执政能力建设、先进性和纯洁性建设这条主线，坚持解放思想、改革创新，坚持党要管党、从严治党，全面加强党的思想建设、组织建设、作风建设、反腐倡廉建设、制度建设，增强自我净化、自我完善、自我革新、自我提高能力，建设学习型、服务型、创新型的马克思主义执政党，确保党始终成为中国特色社会主义事业的坚强领导核心。

为此，必须抓好八个方面的重要任务：坚定理想信念，坚守共产党人精神追求；坚持以人为本、执政为民，始终保持党同人民群众的血肉联系；积极发展党内民主，增强党的创造活力；深化干部人事制度改革，建设高素质执政骨干队伍；坚持党管人才原则，把各方面优秀人才集聚到党和国家事业中来；创新基层党建工作，夯实党执政的组织基础；坚定不移反对腐败，永葆共产党人清正廉洁的政治本色；严明党的纪律，自觉维护党的集中统一。

十八大报告强调，面对人民的信任和重托，面对新的历史条件和考验，全党必须增强忧患意识，谦虚谨慎，戒骄戒躁，始终保持清醒头脑；必须增强创新意识，坚持真理，修正错误，始终保持奋发有为的精神状态；必须增强宗旨意识，相信群众，依靠群众，始终把人民放在心中最高位置；必须增强使命意识，求真务实，艰苦奋斗，始终保持共产党人的政治本色。

3. 新的党中央领导集体："不负重托，不辱使命！"

　　2012 年 11 月 15 日上午，中国共产党第十八届中央委员会第一次全体会议，选举产生了 25 人组成的十八届中央政治局，并选举习近平、李克强、张德江、俞正声、刘云山、王岐山、张高丽为中央政治局常务委员会委员，选举习近平为中央委员会总书记；通过了中央书记处成员；决定了中央军事委员会组成人员；批准了中央纪律检查委员会第一次全体会议选

举产生的领导机构。

11 时 53 分，刚刚当选的十八届中央政治局常委在热烈的掌声中，步履矫健、沉着坚定、从容自信地走进华灯璀璨、鲜花绽放、气氛热烈庄重的人民大会堂东大厅，同采访党的十八大的中外记者亲切见面。新的中央领导集体展示出蓬勃旺盛的活力和锐意进取的精神。

中共中央总书记习近平在十八届中央政治局常委与中外记者见面时说，一定不负重托，不辱使命！

习近平说：

全党同志的重托，全国各族人民的期望，是对我们做好工作的巨大鼓舞，也是我们肩上的重大责任。

这个重大的责任，就是对民族的责任。我们的民族是伟大的民族。在五千多年的文明发展历程中，中华民族为人类文明进步作出了不可磨灭的贡献。近代以后，我们的民族历经磨难，中华民族到了最危险的时候。自那时以来，为了实现中华民族伟大复兴，无数仁人志士奋起抗争，但一次又一次地失败了。中国共产党成立后，团结带领人民前仆后继、

新一届中共中央政治局常委在中外记者见面会上

顽强奋斗，把贫穷落后的旧中国变成日益走向繁荣富强的新中国，中华民族伟大复兴展现出前所未有的光明前景。我们的责任，就是要团结带领全党全国各族人民，接过历史的接力棒，继续为实现中华民族伟大复兴而努力奋斗，使中华民族更加坚强有力地自立于世界民族之林，为人类作出新的更大的贡献。

这个重大的责任，就是对人民的责任。我们的人民是伟大的人民。在漫长的历史进程中，中国人民依靠自己的勤劳、勇敢、智慧，开创了各民族和睦共处的美好家园，培育了历久弥新的优秀文化。我们的人民热爱生活，期盼有更好的教育、更稳定的工作、更满意的收入、更可靠的社会保障、更高水平的医疗卫生服务、更舒适的居住条件、更优美的环境，期盼着孩子们能成长得更好、工作得更好、生活得更好。人民对美好生活的向往，就是我们的奋斗目标。人世间的一切幸福都需要靠辛勤的劳动来创造。我们的责任，就是要团结带领全党全国各族人民，继续解放思想，坚持改革开放，不断解放和发展社会生产力，努力解决群众的生产生活困难，坚定不移走共同富裕的道路。

这个重大的责任，就是对党的责任。我们的党是全心全意为人民服务的政党。党领导人民已经取得举世瞩目的成就，我们完全有理由因此而自豪，但我们自豪而不自满，决不会躺在过去的功劳簿上。新形势下，我们党面临着许多严峻挑战，党内存在着许多亟待解决的问题。尤其是一些党员干部中发生的贪污腐败、脱离群众、形式主义、官僚主义等问题，必须下大气力解决。全党必须警醒起来。打铁还需自身硬。我们的责任，就是同全党同志一道，坚持党要管党、从严治党，切实解决自身存在的突出问题，切实改进工作作风，密切联系群众，使我们的党始终成为中国特色社会主义事业的坚强领导核心。

人民是历史的创造者，群众是真正的英雄。人民群众是我们力量的源泉。我们深深知道：每个人的力量是有限的，但只要我们万众一心、众志成城，就没有克服不了的困难；每个人的工作时间是有限的，但全心全意为人民服务是无限的。责任重于泰山，事业任重道远。我们一定要始终与人民心心相印、与人民同甘共苦、与人民团结奋斗，夙夜在公，勤勉工作，努力向历史、向人民交出一份合格的答卷。

以上，是习近平在记者见面会上讲话的主要内容。在他首次亮相的简短讲话中 19 次提到"人民"两字。"人民"成为新任领导集体心中最重要的词。作为中国未来的掌舵者，他们肩负执政党的前途命运，担负着诸多领域的改革重任，承载着亿万民众的幸福期待。

党的十七大以来 5 年间，我们党紧紧抓住和用好我国发展的重要战略机遇期，毫不动摇、与时俱进发展中国特色社会主义，不断丰富中国特色社会主义的实践特色、理论特色、民族特色、时代特色，奋力把中国特色社会主义推进到新的发展阶段。

社会生产力、经济实力、科技实力迈上一个大台阶的"中国奇迹"；民主制度、民主形式、民主渠道不断健全、丰富和拓宽，人民享有越来越广泛的自由和权利的"中国活力"；文化改革发展全面推进，社会主义核心价值体系建设富有成效的"中国精神"；人民生活水平显著提高，人均 GDP 超过5000 美元，跨入中等收入国家行列的"中国故事"；成功举办大事、要事，从容应对急事、难事，经受住一次又一次重大考验的"中国力量"；综合国力、国际竞争力、国际影响力显著提升，中国特色社会主义显示出巨大优越性和强大生命力的"中国答卷"……这种种光辉成就令全世界为之瞩目。

站在历史与未来的交汇点上，我们党担负着团结带领人民全面建成小康社会、推进社会主义现代化、实现中华民族伟大复兴的重任。我们所肩负任务的艰巨性和繁重性世所罕见，我们所面临矛盾和问题的复杂性世所罕见，我们所面对的困难和风险也世所罕见。

邓小平曾经指出："办好中国的事情，关键在党，关键在人。""关键在于共产党要有一个好的政治局，特别是好的政治局常委会。只要这个环节不发生问题，中国就稳如泰山。"组成一个好的政治局及其常务委员会，对于在国际国内形势深刻变化的条件下维护和推进我国改革发展稳定大局、保障党和国家事业继往开来、与时俱进，具有十分重要的意义。

胡锦涛指出，我们党是一个拥有8000多万党员的大党，在一个十几亿人口的大国执政，肩膀上的担子重、责任大，必须组成一个政治坚定、团结统一、坚强有力、奋发有为的中央领导集体。十八届中央政治局和中央政治局常务委员会，不仅要能够胜任领导党的十八大以后党和国家工作的需要，而且还要从适应党和国家事业长远发展的需要考虑，充实一些德才兼备、年富力强的优秀人才，让他们在工作实践中经受锻炼、健康成长，以保证党和国家事业后继有人。

在中国共产党的领导下，始终坚持和发展中国特色社会主义，解放思想，改革开放，凝聚力量，攻坚克难，顽强奋斗，就一定能够在中国共产党成立100年时全面建成小康社会，就一定能够在新中国成立100年时建成富强、民主、文明和谐的社会主义现代化国家。

新一届中央领导机构政治坚定、团结统一、坚强有力、奋发有为，是值得全党和全国各族人民信赖的好班子。

新一届中央领导机构体现了全党的意志，反映了全国各族人民的心愿，积极稳妥地实现了党和国家高层领导的新老交替。

这是一个值得全党和全国各族人民信赖的坚强领导集体。这是我们党保持生机和活力，国家保持团结稳定，各项事业蓬勃发展的强有力的组织保证。

这充分说明了我们的党团结一致，实现民族复兴有稳固政治基础和可靠政治保证；深刻表明了中国特色社会主义事

胡锦涛与习近平
亲切握手

业后继有人、前程远大。

十八届中央政治局由 25 人组成，都有较高学历和专业知识，结构比较合理，有熟悉各方面、各领域工作的同志。一批德才兼备、年富力强的领导干部进入新一届中央政治局，充分反映了我们党兴旺发达，朝气蓬勃，富有活力。十八届中央政治局组成人员普遍具有比较丰富的领导工作经验，工作业绩比较突出，廉洁自律，在党内外有良好形象。

90 多年前，嘉兴南湖驶来一艘红船。中国共产党人从此就勇敢担当起带领中国人民创造幸福生活、实现中华民族伟大复兴的历史使命。在这一伟大进程中，一代代中国共产党人前仆后继，书写了感天动地的壮丽史诗，不可逆转地结束了近代以来中国内忧外患、积贫积弱的悲惨命运，不可逆转地开启了中华民族不断发展壮大、走向伟大复兴的历史进程。

今天，一个充满道路自信、理论自信、制度自信，永葆生机活力的马克思主义执政党更加成熟坚强；一个面向现代化、面向世界、面向未来，永葆发展动力的文明古国更加从容自信。新一届中央领导集体的产生，正值中国进入实现全面建成小康社会目标的"决定性阶段"，中国面临前所未有的机遇和挑战。中国共产党新的中央领导集体的主要任务是，在未来 5 年里，团结带领全党全国人民，为实现在 2020 年全面建成小康社会的宏伟目标而奋力迈进，把民族复兴的历史进程推向一个新的阶段。

4. 党章修改：
一脉相承，与时俱进

2012 年 11 月 14 日，中国共产党第十八次全国代表大会通过了关于《中国共产党章程（修正案）》的决议。决定这一修正案自通过之日起生效。

党章是中国共产党的总章程，党内的任何文献、文章、文件，其政治法律地位都高不过党章。它集中体现中国共产党的理论和路线方针政策，以及党的重要主张。党章的每一次修改，往往是对当时党面临的重大问题的回答，它反映了党的理论创新和基本路线方针政策的演进。党的十八大根据形势和任务发展变化对党章进行了适当修改，把党的十八大报告确立的重大理论观点和重大战略思想写入了党章。

十六大以来，以胡锦涛同志为主要代表的中国共产党人，坚持以邓小平理论和"三个代表"重要思想为指导，根据新的发展要求，深刻认识和回答了新形势下实现什么样的发展、怎样发展等重大问题，形成了以人为本、全面协调可持续发展的科学发展观。科学发展观，是同马克思列宁主义、毛泽东思想、邓小平理论、"三个代表"重要思想既一脉相承又与时俱进的科学理论，是马克思主义关于发展的世界观和方法论的集中体现，是马克思主义中国化最新成果，是中国共产党集体智慧的结晶，是发展中国特色的社会主义必须坚持和贯彻的指导思想。

党的十八大一致同意在党章中把科学发展观同马克思列宁主义、毛泽东思想、邓小平理论、"三个代表"重要思想一道确立为党的行动指南。

科学发展观是 2003 年提出来的。经过近 10 年实践的检验，科学发展观得到了全党、全国人民广泛的认同。科学发展观是马克思主义中国化最新成果，是中国共产党集体智慧的结晶，是党必须长期坚持的行动指南。科学发展观上升为党的行动指南后，将发挥更大的作用。

中国特色社会主义道路，中国特色社会主义理论体系，中国特色社会主义制度，是党和人民长期奋斗、创造、积累的根本成就。全面建成小康社会，加快推进社会主义现代化，实现中华民族伟大复兴，必须坚定不移走中国特色社会主义道路。把中国特色社会主义制度同中国特色社会主义道路、中国特色社会主义理论体系一道写入党章，有利于全党深化对中国特色社会主义的认识、全面把握中国特色社会主义的内涵。

党的十八大强调，全党同志要倍加珍惜、长期坚持和不断发展党历经艰辛开创的这条道路、这个理论体系、这个制度，坚定道路自信、理论自信、制度自信，奋力夺取中国特色社会主义新胜利。

2011 年胡锦涛同志在"七一"讲话中，首次将中国特色社会主义制度与中国特色社会主义道路、中国特色社会主义理论体系并列了起来。这次将这种并列写入党章，有利于全党深化对中国特色社会主义的认识、全面把握中国特色社会主义的内涵。中国特色社会主义包括三个方面：第一是中国特色社会主义道路，这是路径选择；第二是中国特色社会主义理论体系，这是党的行动指南；第三是中国特色社会主义制度，这是制度保障。中国特色社会主义道路、理论体系和制度，是 90 多年来党和人民长期奋斗、创造、积累的根本成就。

建设生态文明，是关系人民福祉、关乎民族未来的长远大计。必须把生态文明建设放在突出地位，融入经济建设、政治建设、文化建设、社会建设各方面和全过程，坚持生产发展、生活富裕、生态良好的文明发展道路，努力建设美丽中国，实现中华民族永续发展。

党的十八大将生态文明建设写入党章并作出阐述，使中国特色社会主义事业总体布局更加完善，使生态文明建设的战略地位更加明确，有利于全面推进中国特色社会主义事业。促进工业化、信息化、城镇化、农业现代化同步发展，是我国经济社会发展面临的重大课题，是全面建成小康社会的一项重大战略举措；发展更加广泛、更加充分、更加健全的人民民主，完善中国特色社会主义法律体系，是坚持走中国特色社会主义政治发展道路、积极稳妥推进政治体制改革、加强社会主义法治国家建设的客观需要；建设社会主义文化强国，加强社会主义核心价值体系建设，是推动社会主义文化大发展大繁荣、提高国家文化软实力的必然要求；构建社会主义和谐社会，必须保障和改善民生，使发展成果更多更公平惠及全体人民，加强和创新社会管理。

将这些内容写入党章，丰富了社会主义经济建设、政治建设、文化建设、社会建设的内容，对全党同志更加自觉、更加坚定地贯彻党的基本理论、基本路线、基本纲领、基本经验、基本要求，全面推进社会主义市场经济、社会主义民主政治、社会主义先进文化、社会主义和谐社会、社会主义生态文明建设，团结带领全国各族人民不断夺取中国特色社会主义新胜利具有十分重要的作用。

改革开放是强国之路，是新时期最鲜明的特点。我国过去 30 多年的快速发展靠的是改革开放，未来发展也必须坚定不移依靠改革开放。只有改革开放，才能发展中国、发展社会主义、发展马克思主义。把这方面内容写入党章，有利于全党更加深刻地认识坚持改革开放的重大意义，更加自觉、更加坚定地推进改革开放。

改革开放是保证中国走向世界的重要途径。将"改革开放"的内容写入党章，说明在今后的发展道路上，我党会继续坚持改革开放的道路。中国"既不走封闭僵化的老路、也不走改旗易帜的邪路"，要坚定地走中国特色的社会主义道路，就是要和改革开放紧密联系在一起。中国特色社会主义道路是在改革开放中开辟的，中国特色社会主义理论体系是在改革开放中形成的，中国特色社会主义制度也是在改革开放过程中巩固和发展起来的。所以说，没有改革开放，就没有中国特色社会主义；为了更好地推动中国特色社会主义，就要坚持改革开放。

十七大以来，随着党的建设实践发展，我们党对马克思主义执政党建设规律的认识不断深化，正视党面临的考验和风险，重视加强党的执政能力建设、先进性和纯洁性建设，整体推进党的思想建设、组织建设、作风建设、反腐倡廉建设、制度建设，全面提高党的建设科学化水平。根据实践发展，党的十八大提出建设学习型、服务型、创新型的马克思主义执政党的新要求。适应新的形势，全党要用邓小平理论、"三个代表"重要思想、科学发展观和党的基本路线统一思想、统一行动，切实做到求真务实，尊重党员主体地位，加强对主要领导干部的监督。大会同意把这些新成果、新认识、新要求充实到党章关于党的建设总体要求中，使党的建设的主线、总体布局、总体目标更加完善，有利于全面推进党的建设新的伟大工程。

经济建设、政治建设、文化建设、社会建设和生态文明建设这五位一体的发展，最终能不能实现，关键在党，最根本的保证就是党的建设。

2012年1月，在中共中央就党的十八大议题征求意见的过程中，许多地方和部门建议，根据党的理论创新和实践发展，根据形势的发展变化和推进党的工作、加强党的建设的需要，党的十八大对党章作出修改。在综合各方面意见的基础上，中央政治局会议研究决定对党章进行适当修改，强调这次修改党章工作，要坚持以马克思列宁主义、毛泽东思想、邓小平理论、"三个代表"重要思想为指导，深入贯彻落实科学发展观，把党的十八大报告确立的重大理论观点和重大战略思想写入党章；坚持发扬党内民主，集中全党智慧；保持党章总体稳定，只修改那些必须改的、在党内已经形成共识的内容，努力使修改后的党章充分体现马克思主义中国化最新成果，充分体现党的十七大以来党中央提出的一系列重大战略思想，充分体现党的工作和党的建设的新鲜经验，以适应新形势新任务对党的工作和党的建设提出的新要求。

9月4日，党章修正案下发党内一定范围征求意见，各地区各部门进行了认真讨论，并及时向中央上报了修改意见和建议，征求意见人数共 4015 人。在集中全党智慧的基础上，经过党的十七届七中全会一致同意，形成了提交党的十八大审议的党章修正案。在党代会期间，党代表对《中国共产党章程（修正案）》建言献策，提出进一步意见和建议，最后在全国党代会上正式通过。

党章修改过程的各个环节都体现了发扬民主的优良作风。同时，也体现了修改程序的科学有序、严谨务实。党章修改的过程是一次充分发扬民主、集中全党智慧的过程。

五、美丽中国梦，
伟大复兴路

1. 不一样的希望

一个不思进取的人，是没有资格谈论人生梦想的；一个没有找到发展方向的民族，是没有能力谈论民族梦想的；一个让多数人没有受益感的国家，是不敢、不愿、也不会有国家梦想的。实际上，每个人都会怀揣着自己的梦想，每一个民族都有本民族的梦想，每一个国家也会有本国的梦想。中国，当然也有自己的美丽梦想。什么是中国梦？美丽的中国梦怎样实现？站在新的历史起点上，中国共产党将"以什么样的精神状态"带领中国人民持续奋斗？新的党中央领导集体会带给我们什么样的惊喜？全国人民都在翘首以待。

现在，还是先让我们的视线回到在中国国家博物馆举行的一场名为《复兴之路》的展览吧。

2012年11月29日，国家博物馆迎来了一群尊贵的参观者——中共中央总书记、中央军委主席习近平和中央政治局常委李克强、张德江、俞正声、刘云山、王岐山、张高丽等来到中国国家博物馆，参观了《复兴之路》展览。他们兴致勃勃地走进一个个展厅，仔细观看着展览，认真听取工作人员的讲解。面对那一幅幅历史图片、一件件历史实物、一段段记录视频，他们仿佛置身于中国近代以来跌宕起伏、波澜壮阔的历史长河中。

面对着沉重的历史，面对着过往的艰辛，习近平总书记语重心长地说："实现中华民族伟大复兴是一项光荣而艰巨的事业，需要一代又一代中国人共同为之努力。空谈误国，实干兴邦。"他提出的"空谈误国，实干兴邦"理念，是血与火的实践换来的真理，是我党百年艰苦奋斗得来的宝贵经验。这一理念尖锐地对全党8300多万名党员和各级领导干部

11月29日，中共中央总书记、中央军委主席习近平和中央政治局常委李克强、张德江、俞正声、刘云山、王岐山、张高丽等来到国家博物馆，参观《复兴之路》展览

提出警示和要求。

饱经沧桑的中华民族，之所以能面对苦难、走向辉煌，靠的不是无所作为的空想清谈，而是扎扎实实地实干苦干。实干精神是我们民族的优良传统，注重落实是共产党人的政治本色。当中国全面建成小康社会进入"倒计时"，全国人民充满了对美好生活的向往，如果没有真抓实干的奋斗，没有扎扎实实的工作，中国共产党人将愧对人民的期待和历史的责任。

"道虽迩，不行不至；事虽小，不为不成。"在这条漫长的道路上，只要拿出实干精神，中国梦就一定会变成中国的现实。为了践行，为了示范，新一代党的中央领导集体从自身最基本的行为方式开始，扎扎实实转变风气，不断重申着他们的实干理念。

2012年12月4日，习近平总书记主持召开中共中央政治局会议，审议通过了中央政治局关于改进工作作风、密切联系群众的八项规定（又称为"新八项注意"）。会议强调，抓作风建设，首先要从中央政治局做起，要求别人做到的自己先要做到，要求别人不做的自己坚决不做，以良好党风带动政风民风。"新八项注意"主要是从精简政府办公的各项事务、简化形式、注重实际效用、勤俭节约等方面提出的，它显示出中国共产党力图建设一个廉洁、公正政府的决心。

同时，简单直接、讲求效率、讲求实际的行政作风也在政府会议中得到体现。李克强、王岐山开会都要求实效，不允许念稿，从而达到"以小见大，上行下效"的目的，"新八项注意"如此快地得以落实，使广大群众交口称赞，赢得了群众的真心信任和拥护。

新一届中央政府不仅仅抓作风建设，还极其重视反腐倡廉和廉政建设工作。十八大报告要求：反对腐败，建设廉洁政府，是党一贯坚持的鲜明政治立场，是人民关注的重大政治问题。新一届政治局常委见面会上，习近平指出："打铁还需自身硬。"中共中央政治局第一次集体学习时，习近平又以"物必先腐，而后虫生"的古训警示官员。而且，王岐山在"新八项注意"出台之前，就于2012年11月30日在北京主持召开座谈会，听取专家学者对党风廉政建设和反腐败工作的意见和建议。之后，反腐工作在全国范围内展开。

王岐山领导的反腐行动雷霆万钧、高效迅速，在短时间内使一批影响极坏的高官相继落马，受到应得的惩罚：

重庆北碚区区委书记雷政富是一个典型的"情色"腐败分子，其丑恶行径被披露后，重庆市委很快研究决定，免去雷政富北碚区区委书记职务，并对其立案调查；

四川省省委副书记李春城涉嫌严重违纪，中央已决定免去其领导职务，并开展组织调查；

深圳市原副市长梁道行因涉嫌严重违纪问题，已接受组织调查；

山东省农业厅副厅长单增德因给情妇的承诺书在网上曝光，山东省纪委已经对其立案调查；

山西省国土资源厅原副巡视员王有明因腐败问题被查处，目前已被移送司法机关依法处理；

原揭阳市市委书记、现省人大农村农业委员会主任委员陈弘平因涉嫌严重违纪问题，正在接受组织调查；

英德市（清远市辖市）人民政府原副市长、公安局原局长郑北泉，因涉嫌徇私枉法和严重经济问题，被清远市纪委立案检查，目前正在接受组织调查；

广东省国土资源厅副厅长（省水利厅原副厅长）吕英明因涉嫌严重违纪问题，正在接受组织调查；

…… ……

在一连串的反腐行动中，一条条腐败"大鱼"相继落网，人民从中看到了廉洁政府的希望。

人们看到了不一样的希望，也感受到了拂面而来的清风。

2012年12月7日，深圳街头出现了一道炫丽的风景——习近平总书记的车与老百姓的车一同前行。习总书记抵达深圳当天，在他行进的路途中，深圳市不封路，没有铺红地毯，没有看到任何欢迎横幅，也没有列队迎接的场面，一路上总书记的车队亲民而不扰民。习总书记甚至透过车窗向路上的群众亲切地摆手致意。当总书记出现在深圳的前海深港合作区时，前海附近的道路依旧畅通如常。对"新八项注意"的践行，从自己做起，总书记做到了！

12月8日上午9时多，习近平来到莲花山山顶的邓小平铜像前敬献花篮，并一路和晨练、游玩的市民"零距离"接触，拉起了家常。

有市民问他感觉深圳怎么样，他说："深圳居住环境很好，人也很热情。"

他向人群挥手，并问道："深圳的生活好吧？"

习近平在深圳视察期间，亲切地与周围群众打招呼

习近平在深圳莲花山公园向邓小平铜像敬献花篮

大家响亮地回答："好！"

习近平继续说："你们过得好，我们就高兴。"

这一幕，让老百姓觉得总书记很亲民；这一刻，他就是人民中的一员。

习近平总书记沿着当年邓小平"南方谈话"的路线重走了一遍，这是他履新以来的第一次地方考察。然而，这并不是简单的考察工作，此行更重要的目的是向人民显示中央政府要将改革开放进行到底的决心和力量。新的党中央领导集体的种种亲民举动，着实让外界感受到了一股清新的作风。我们相信，在新的征程中，新一届党中央领导集体必定会带给人们不一样的希望。

2. 新起点，新开拓

定音锤：改革开放要有新开拓

十八大选举出来的新一届党的中央领导集体的亮相吸引了全球的目光，同时，世人也急于知道新的党中央领导集体将怎样领导中国未来 5 年的发展。我们都清楚，改革开放 30 多年来，中国取得了巨大的成就，但是也出现了许多显而易见的问题：中国社会贫富差距扩大，地区经济发展不够均衡，住房、教育、卫生和养老问题逐渐浮出水面，环境污染日益严重，就业、个人发展通道、阶层矛盾等也逐渐显现……人们有各种各样的诉求，对于这些诉求，民众寄希望于新一届党的中央领导集体，希望他们能尽早表明态度。很快，人们有了信心。

习近平在视察深圳的过程中，确定无疑地指出：党中央作出的改革开放的决定是正确的，今后仍然要走这条正确的道路，富国之路、富民之路要坚定不移地走下去，而且要有新开拓。他还说，深圳在整个中国的改革开放过程中发挥了巨大的作用，希望深圳和广东在未来中国的改革开放和发展道路上能够发挥更大的作用。

习近平的话语解开了笼罩在民众心头的疑团，成为新时代发展旋律中的一记定音锤，它敲定了我们继续坚持走中国特色社会主义道路、坚持改革开放的主音符。同时，他的南方之行和他的话语一样，表明了他要坚定完成邓小平未了心愿的决心。

中国此前的改革，侧重于让一部分人先富起来，希望通过先富帮后富，带动整个社会的共同富裕；然而，在改革的实践过程中，很大一部分人富裕起来了，但是还有很大一部分人收入低、生活条件差。因而，社会贫富差距越来越大，社会矛盾趋于尖锐化。针对这种现象，习近平强调，既要坚持富国之路和富民之路，也会有"新开拓"。他特别强调"要有新开拓"，显示出习总书记站在新的历史起点上，极其坚定的开拓进取的精神与胆略。

20年前，邓小平发表了深刻影响中国历史的"南方谈话"，深圳蛇口工业区竖起一块"空谈误国，实干兴邦"的醒目标牌，

改革开放30多年后，深圳蛇口的主干道上依然立着"空谈误国，实干兴邦"的标语牌

从此摆脱了一场"姓社""姓资"的争论，拉开了中国大发展的序幕。现在我们看到，我们离民族复兴的梦想前所未有地接近。以苦干续写中国辉煌，用实干托起中国梦想，民族复兴的光荣任务一定会胜利完成。

刚刚就职的习近平总书记第一次视察就选择了邓小平当年发表"南方谈话"的深圳，他微笑着向全中国乃至全世界宣布：我们将一往无前地坚持改革开放。这是在告慰中国改革开放总设计师邓小平的英灵，更是呼应了胡锦涛在十八大报告中提出的"不走老路，不走邪路"的论断。

"新四化"：未来中国发展的必由之路

社会发展过程中，很多国家都会为自己设想一些具体的任务，规划很多美丽的蓝图。"四化"蓝图在中国的政治舞台上有特殊的历史地位。1964 年 12 月，周恩来总理在政府工作报告中首次提出，在 20 世纪内把中国建设成为一个具有现代农业、现代工业、现代国防和现代科学技术的社会主义强国。

历史行进到 1979 年。这一年 12 月 6 日，邓小平在与当时的日本首相大平正芳会谈时，把四个现代化进行了准确、具体的量化：到 20 世纪末，争取国民生产总值达到人均 1000 美元，实现小康水平。邓小平把这个目标称为"中国式的四个现代化"。从那时开始，在改革开放的推动下，中国经济出现了令人瞩目的高速增长。2012 年 8 月 15 日，国家统计局宣布：2011 年，中国人均国内总产值达 5432 美元。这个数字已经远远超过 30 多年前设定的小康水平的目标。

最近频频见诸报端的"新四化"与周恩来和邓小平所提的"四化"内容有所不同。党的十八大报告明确提出："坚持走中国特色新型工业化、信息化、城镇化、农业现代化道路，推动信息化和工业化深度融合、工业化和城镇化良性互动、城镇化和农业现代化相互协调，促进工业化、信息化、城镇化、农业现代化同步发展。"

"四化同步"的新表述，无疑是中国共产党立足全局、着眼长远、与时俱进的重大战略决策，也是在中国现代化建设发展到一定阶段时，对现阶段突出矛盾的一次求解。之所以如此表述，这还得从当前中国经济社会结构中的问题说起。

现阶段中国的城乡二元结构明显，收入分配中最突出的问题是城乡居民收入差距扩大的问题；而且，城镇容纳的农村人口日益增加，大批的农民变成市民也对城市提出了更多的诉求；中国产业发展中最薄弱的环节也是农业，农业产出必须从"强调数量、解决温饱"转向"强调质量、满足品味"，适应消费者从小康走向富裕的需要。除此之外，更引人注意的是信息化也增加到"新四化"的行列中，表明信息化的重要性已经完全被党中央认识到了，它已被提升至国家发展战略的高度。当前，信息化已经覆盖了国民经济的所有行业，正有力地推进其他"三化"。中国的传统工业和农业都要依靠信息化来提高效率，这样才能与国外的同行处于同样的竞争平台上。

实际上只有很好地实现"新四化"同步协调发展，才能真正实现科学的发展，才能达到经济社会的全面、协调、可持续发展的根本要求，也才能实现社会生产力的跨越式发展。

李克强一再强调的工业化、信息化、城镇化、农业现代化，之所以说是"新四化"，还有很重要的一个原因在于发展理念出现了新变化。比如对于将给中国经济未来提供巨大需求空间的城镇化，李克强在多次发言中都提出要从以前的以物为主走向以人为主的新阶段；比如更多地强调必须不失时机深化重要领域改革，以便给"四化"发展提供新的制度保证。

中国经济如果能够在未来5—10年里成功实现"新四化"，中国经济将保持持续增长，中国经济结构优化将有显著提升。当然，要实现"新四化"并不容易，体制改革、增长方式转变必不可少。为此，新一代领导人和各级党和政府必定会为此作出持续不懈的努力，全国各族人民也必定与党中央同心同德，共同为实现"新四化"而团结一心，携手前进。

"三大红利"：支撑中国经济持续健康发展

2012 年 11 月 22 日，中国国务院召开全国综合配套改革试点工作座谈会，李克强在会上提出，改革是中国最大的红利。这一观点一经提出，就受到国内外的广泛关注。从李克强的讲话中，释放出新一届中央领导集体将始终不渝地推进改革开放的有利信息。人才红利、改革红利和城镇化红利将有力支撑中国在重要战略机遇期甚至更长时间内的持续发展。

人才红利是最好的红利。中国经济的快速发展，曾得益于人口红利。中国近几十年经济持续快速增长已经成为一个世界"奇迹"，而这一奇迹之所以产生，"人口红利"的影响至关重要，它也因此和中国经济持续增长的前景联系在了一起。随着中国经济的进一步发展，靠人口红利维系的制造业竞争力及其在全球分工体系中的优势地位将面临风险。由人口红利转向人才红利就成为必然的选择，而日益增长的规模巨大的高素质劳动者队伍，也必将使中国劳动力结构发生质的飞跃，一旦得到有效利用，将产生巨大收益。第六次人口普查显示，2010 年中国大专以上人口达到 1.2 亿，高中以上人口达到 3 亿，远远高于第五次人口普查时的 4571 万和 1.9亿。因此，中国人口红利已经消失的说法并不准确，人口红利已经转化成人才红利，而人才红利才是最好的红利。

改革开放是我国发展的最大红利。30 多年以前，改革开放使中国进入了一个全新的时代，改革开放所释放出的致富引力使国家乃至个人都将重点转到"以经济建设为中心"上来。中国从此走出封闭与偏见，开始步入世界经济社会大舞台，并日益发挥起一个负责任的大国应有的作用。30 多年过去了，中国已从一个贫困落后和封闭的国家成长为当今的世界第二大经济体，这就是改革带给中国人民的红利。目前，我国政治、社会以及经济改革都进入深水区和攻坚区，一些制度的模糊、扭曲或者缺失不仅降低了资源配置效率，固化了利益格局，也抑制了创新和创业动力。要保持中国经济的活力，必须加快改革。在公平正义的前提下，将"改革红利"进一步释放出来。我国 30 多年来取得的巨大成就靠的是改革开放，要全面建成小康社会，加快转变经济发展方式，让群众过上更好的生活，依然要靠改革开放。

城镇化是最红的红利。中国 30 多年的改革开放，经济发展取得了巨大成就，但发展并不平衡，城乡之前的差距也很大。城镇化蕴涵着中国巨大的发展潜力，未来几十年将造福中国近 10 亿的人口。按照 75% 的城镇化率目标，未来将有 3.5 亿左右农业人口转入城市，1.5 亿左右的半城镇化人口继续城镇化。在城镇化的过程中，将通过非农产业与人口向城市聚集和转移，提高资源要素的配置和利用效率，实现企业报酬递增的内部规模经济，满足居民多样化的消费偏好，促进企业和居民相互间的交流与合作，从整体上创造报酬递增的外部规模经济，从而产生远高于分散定居农村并从事农业生产的收益。通过制度改革促进新型城镇化；通过制度改革和新型城镇化，让人民提升并自由绽放其才。

人才、改革开放、城镇化的红利是天然存在的，它需要通过深化改革去挖掘、去实现。三大红利将是中国经济持续发展的重要源泉和动力，必定支撑中国经济持续健康发展。

经济发展：实现没有水分的增长

中国经济增长一向以高速度、高 GDP 著称于世，但高速度、高 GDP 背后却暗藏着大量看得见或者看不见的水分。这些水分其实是我们经济中的巨大隐患，它最终将对中国经济的长远发展产生恶劣的影响。

2012 年 11 月 30 日，中共中央在中南海召开党外人士座谈会，中共中央总书记习近平主持座谈会并发表重要讲话。他指出，2013 年是全面贯彻落实党的十八大精神的开局之年，要以提高经济增长质量和效益为中心。接着，话锋一转，他提出，增长必须是实实在在和没有水分的增长，是有效益、有质量、可持续的增长。这表明新的党中央领导集体已经充分认识到到经济增长水分的严重性。他简洁的话语，赢得了国内外广泛的关注和好评。

李克强也在不同场合也强调："我们的经济发展应当实现一种实实在在、没有水分的提高。"同时他指出："如果我们的 GDP 无法让人民群众的收入增长，那 GDP 增速再高，也是'自拉自唱'，并不利于发展，也不利于稳定。"

2012 年 12 月 16 日，中央经济工作会议在北京闭幕，会议对 2013 年的经济工作提出"以提高经济增长质量和效益为中心"的要求。这次会议首次将经济增长的质量和效益提到了中心的位置。

当前，中国经济发展中效益低、质量差、不可持续问题依然突出，经济增长仍然过多地依靠投资来拉动。在一些地区，甚至进行了大量重复性工程建设，这虽然也能拉动部分经济增长和就业，但无法为社会留存良性财富，这样的增长其实就是有水分的增长。同时，一些行业能源消耗多，污染重，产出少，极大地消耗了自然资源，加大了环境压力，可持续性差。这种高投入、高消耗、高污染、低效益的增长方式是一种不可持续的增长。从长远来看，这种增长不仅仅是有水分的增长，也是有害的增长。改变这种粗放的经济增长方式已经刻不容缓，应狠心挤出其中的水分，实现真正有效益、有质量、可持续的增长。

在科学发展观指导下追求有效率的增长，必将主导今后中国经济的发展。

中央经济工作会议对 2013 年的经济工作提出的要求表明，

2013 年，中国将不再单纯追求经济增长速度，而是要在保持一定增速的前提下，通过扩大国内需求转变经济增长方式，通过对经济结构的调整，消除经济发展中的不合理、不平衡现象，通过对重点领域的改革实现经济社会发展的稳定性与可持续性。

近年来，中国已经在转变经济增长方式方面作了较为积极的努力和尝试，并取得了可喜的效果。

随着居民收入的增加和农村居民和城市低收入人群医保和社保问题的逐步解决，消费对经济增长的贡献无疑将呈现加速上升的趋势。

生态文明建设已经与经济、政治、文化、社会建设一起被列为国家建设总布局的五位一体，这也与经济增长的质量和效益密切相关。多年的高速发展给环境和生态造成的不利影响将得到扭转，科学与效率将是中国得到进一步发展的主要途径和手段。

中国领导层审时度势，以科学的态度调整自身体制和机制，挤出经济发展中的水分，解决中国经济发展中的基本矛盾，追求有质量有效益的发展，这将为经济发展提供源源不断的动力。

蓝图已经大笔挥就，步伐坚定向前迈进。前方，可能面临着这样或者那样的严峻考验；但是，我们一定会一往无前。从现在起，就让我们一起来畅想美丽中国梦！

3. 美丽中国梦，伟大复兴路

古往今来，从东到西，从落后到先进，每一个国家都有自己的梦想与抱负，每一个民族都有自己的雄心与壮志。五千年文明养育的中华民族要实现伟大复兴是一项光荣而艰巨的事业，这需要中国人为那一个共同的"中国梦"而不懈努力。一代代的中国共产党人当仁不让，担负起这一历史使命。

2012 年 11 月 15 日，刚刚在党的第十八届中央委员会第一次全体会议上当选的中共中央总书记习近平和中共中央政治局常委李克强、张德江、俞正声、刘云山、王岐山、张高丽在人民大会堂同采访十八大的中外记者亲切见面。

习近平在这次见面会上的讲话不忘前贤，深刻地回忆了中国近代以来的历史：

> 近代以后，我们的民族历经磨难，中华民族到了最危险的时候。自那时以来，为了实现中华民族伟大复兴，无数仁人志士奋起抗争，但一次又一次地失败了。中国共产党成立后，团结带领人民前仆后继、顽强奋斗，把贫穷落后的旧中国变成日益走向繁荣富强的新中国，中华民族伟大复兴展现出前所未有的光明前景。

他诚恳地谈到了这一代共产党人的责任：

> 我们的责任，就是要团结带领全党全国各族人民，接过历史的接力棒，继续为实现中华民族伟大复兴而努力奋斗，使中华民族更加坚强有力地自立于世界民族之林，为人类作出新的更大的贡献。

对于中国人民，他饱含深情地指出：

> 我们的人民热爱生活，期盼有更好的教育、更稳定的工作、更满意的收入、更可靠的社会保障、更高水平的医疗卫生服务、更舒适的居住条件、更优美的环境，期盼孩子们能成长得更好、工作得更好、生活得更好。人民对美好生活的向往，就是我们的奋斗目标。

话语非常朴实，理想无比崇高！

中国共产党人就是要建设一个人民幸福生活，国家富强兴盛的美丽中国！对于民族复兴大业，担负着历史使命的中国共产党人一刻都没有忘记过。

在参观《复兴之路》展览过程中，习近平也发表了重要讲话，他满怀希望地指出：

　　每个人都有理想和追求,都有自己的梦想。现在,大家都在讨论中国梦,我以为,实现中华民族伟大复兴,就是中华民族近代以来最伟大的梦想。这个梦想,凝聚了几代中国人的夙愿,体现了中华民族和中国人民的整体利益,是每一个中华儿女的共同期盼。历史告诉我们,每个人的前途命运都与国家和民族的前途命运紧密相连。国家好,民族好,大家才会好。实现中华民族伟大复兴是一项光荣而艰巨的事业,需要一代又一代中国人共同为之努力。空谈误国,实干兴邦。我们这一代共产党人一定要承前启后、继往开来,把我们的党建设好,团结全体中华儿女把我们国家建设好,把我们民族发展好,继续朝着中华民族伟大复兴的目标奋勇前进。

习近平最后确定无疑、充满信心地强调:

　　我坚信,到中国共产党成立100年时全面建成小康社会的目标一定能实现,到新中国成立100年时建成富强民主文明和谐的社会主义现代化国家的目标一定能实现,中华民族伟大复兴的梦想一定能实现。

　　其实在一百多年前,民族复兴大业已在无数的中华志士的抗争与奋斗中开始了。但是,中华民族伟大复兴清晰可见的路线图,则是由中国改革开放的总设计师邓小平画出来的。他为中华民族复兴设计了"三步走"战略。

　　在"解决人民温饱问题"、"人民生活达到小康水平"的目标实现后,中共十五大提出了一个新"三步走"发展战略,分2010年、2020年、2050年三个阶段,逐步达到现代化,最终实现中华民族的真正复兴大业。

　　为了具体实现这一宏伟设想,中国共产党人在十六大、十七大提出"全面建设小康社会"目标要求的基础上,在十八大上明确提出要"确保到2020年实现全面建成小康社会宏伟目标",而"实现社会主义现代化和中华民族伟大复兴"则是建设中国特色社会主义的总任务,全面建成小康社会正是承上启下的关键一环。确保到2020年实现全面建成小康社会的宏伟目标，是对中国人民的郑重承诺。

当我们这个古老的国家实现了这一美好蓝图的时候，我们国家将会是一个什么样的国度呢？

那时候，我们的收入将有实质性的巨大的增长：国内生产总值和城乡居民人均收入比2010年翻一番。人民的生活水准已经远不是"吃饱穿暖"可以形容的，我们的人民将过上可以跟世界上先进国家媲美的舒适生活。

那时候，社会主义核心价值体系培育下的公民文明素质和社会文明程度明显提高、文化产业成为国民经济支柱性产业；在这个文化强国中，人的创造力和潜能得到了无限的激发。

那时候，基本公共服务均等化总体实现、收入分配差距缩小、社会和谐稳定。学有所教、劳有所得、病有所医、老有所养、住有所居，不再停留在大会的报告中，而是切切实实地服务于每一个国民。

那个时候，我们的社会民主制度更加完善、依法治国基本方略全面落实、人权得到切实尊重和保障。我们将拥有足够民主的生活，我们国家的领导方式和执政方式更加科学合理，决策更加民主；我们充分发挥法治在治国理政中的重要作用，完善和加强制度建设，中国特色的法制成为世界的典范。

那时候，环境的主体功能区布局基本形成，主要污染物排放总量显著减少、人居环境明显改善。我们给自然留下更多的修复空间，给农业留下更多的良田，给子孙后代留下天蓝、地绿、水净的美好家园。

那时候，所有的都是那么美好……

那时候，中国是那么的美丽……

"中国梦"是中国人民对科学发展的热切期盼。我们相信，中国共产党成立100年时，全面建成小康社会的目标一定能实现；我们相信，到新中国成立100年时，富强民主文明和谐的社会主义现代化国家一定能够建成。失败只会落在没有志气、没有毅力、没有抱负的人身上，对于具有无限潜能和智慧的中华儿女，这个梦想一定会实现。未来在哪里，未来掌握在你我的手里。

民族复兴的伟业、改革开放的大业、国家发展的愿景，就是让中国人站起来和富起来，就是让每一个国民，特别是每一个年轻人有资格做梦，就是要让国家兑现关于"中国梦"的承诺！你有梦，我有梦，每一个美好梦想的实现就意味着伟大的"中国梦"正在实现。

正如习近平总书记所言，"空谈误国，实干兴邦"，唯有紧紧拥抱"中国梦"，中华民族伟大复兴的"中国梦"就一定能够实现。

主要参考书目

章开沅等：《辛亥革命史》，人民出版社 1980 年版。

胡绳主编：《从鸦片战争到五四运动》，人民出版社 1981 年版。

中共中央文献研究室：《关于建国以来党的若干历史问题的决议注释本》，人民出版社 1983 年版。

［美］费正清等编：《剑桥中国晚清史》，中国社会科学出版社 1985 年版。

［美］吉尔伯特·罗兹曼：《中国的现代化》，上海人民出版社 1989 年版。

罗尔纲：《太平天国史》，中华书局 1991 年版。

胡绳主编：《中国共产党的七十年》，中共党史出版社 1991 年版。

［美］埃德加·斯诺：《红色中华散记》，江苏人民出版社 1991 年版。

薄一波：《若干重大决策与事件的回顾》，中共中央文献出版社 1991 年版。

陈旭麓主编：《近代中国的新陈代谢》，上海人民出版社 1992 年版。

夏东元：《洋务运动史》，华东师范大学出版社 1992 年版。

中国社会科学院近代史所：《日本侵华七十年史》，中国社会科学出版社 1992 年版。

田曾佩主编：《改革开放以来的中国外交》，世界知识出版社 1993 年版。

茅海建：《天朝的崩溃》，生活·读书·新知三联书店 1995 年版。

军事科学院军事历史研究部编著：《中国人民解放军全国解放战争史》，军事科学出版社 1996 年版。

中央文献研究室：《毛泽东传（1893—1949）》，中央文献出版社 1996 年版。

彭明：《五四运动史》，人民出版社 1998 年版。

石仲泉等主编：《中共八大史》，人民出版社 1998 年版。

于光远：《我亲历的那次历史转折》，中央编译出版社 1998 年版。

杨继绳：《邓小平时代：中国改革开放二十年纪实》，中央编译出版社 1998 年版。

金冲及：《二十世纪中国的崛起》，上海人民出版社1999年版。

柯文：《历史三调——作为事件、经历和神话的义和团》，江苏人民出版社2000年版。

［美］费正清等编：《伟大的中国革命》，世界知识出版社2000年版。

曾业英主编：《五十年来的中国近代史研究》，上海书店出版社2000年版。

汤志钧：《戊戌变法史》，上海社会科学院出版社2003年版。

军事科学院军事历史研究部编著：《中国抗日战争史》，解放军出版社2005年版。

本书编写组编：《十七大报告辅导读本》，人民出版社2007年版。

本书编写组编：《十八大报告辅导读本》，人民出版社2012年版。